バッチリポスター

英語 5年 場面で覚える英語集

―誕生日・好きなこと・できること―

When is your birthday?
あなたの誕生日《たんじょうび》はいつですか。
My
わたしの
What subject(s) do you like?
あなたは何の教科が好きですか。
I like Eng
わたしは英語が好きで
I can
わたしは速く

教科を表す英語

- calligraphy（書道）
- home economics（家庭科）
- Japanese（国語）
- math（算数）
- moral education（道徳）
- music（音楽）
- P.E.（体育）
- science（理科）
- social studies（社会）
- arts and crafts（図工）
- English（英語）

ここでは、商品の注文や味の感想について話すときに使える英語を紹介しています。英語を見ながら、自分ならどう答えるか考えてみましょう。

HIJKL

ここから音声が聞けるよ！

ed fish（焼き魚）
ake（パンケーキ）
（ケーキ）
ream（アイスクリーム）
ed ice（かき氷）

・coffee（コーヒー）
・green tea（緑茶）
・tea（紅茶）
・water（水）
・milk（牛乳）

味などを表す英語

・bitter（苦い）
・salty（塩からい）
・sour（すっぱい）
・spicy（ぴりっとした）
・sweet（あまい）

・delicious（おいしい）
・hot（熱い、からい）
・cold（冷たい）
・soft（やわらかい）
・hard（かたい）

音声クイズつき!

イラストでおぼえる 英語カード 5年

右のQRコードから、
音声を聞くことができます。

1 animal

☐ bear

2 animal

☐ cat

3 animal

☐ dog

4 animal

☐ fish

5 animal

☐ horse

6 animal

☐ lion

7 animal

☐ rabbit

8 animal

☐ snake

9 animal

☐ tiger

10 subject

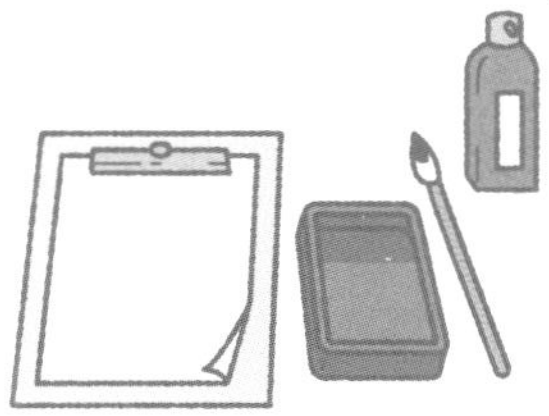

☐ calligraphy

11 subject

☐ English

12 subject

☐ home economics

13 subject

☐ Japanese

14 subject

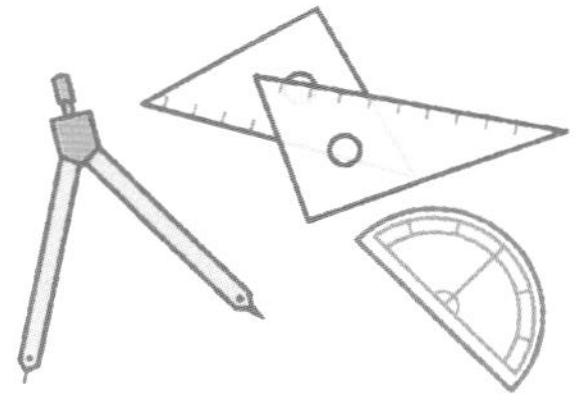

☐ math

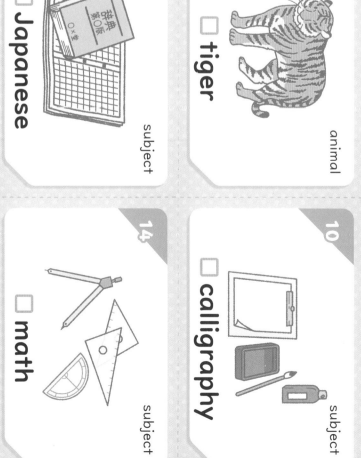

使い方

❶音声を聞いて、英語を読んでみましょう。イラストと合わせて覚えましょう。

❷日本語とイラストを見て、英語を言えるか確認《かくにん》してみましょう。

❸音声クイズを聞いて、答えのカードをさがしてみましょう。

1 動物

□ クマ

2 動物

□ ネコ

3 動物

□ イヌ

4 動物

□ 魚

5 動物

□ ウマ

6 動物

□ ライオン

7 動物

□ ウサギ

8 動物

□ ヘビ

9 動物

□ トラ

10 教科

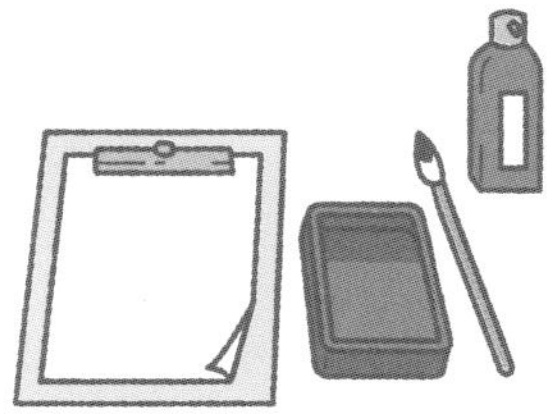

□ 書写

11 教科

□ 英語

12 教科

□ 家庭科

13 教科

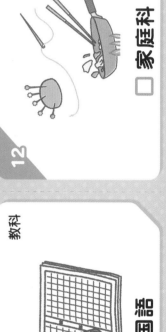

□ 国語

14 教科

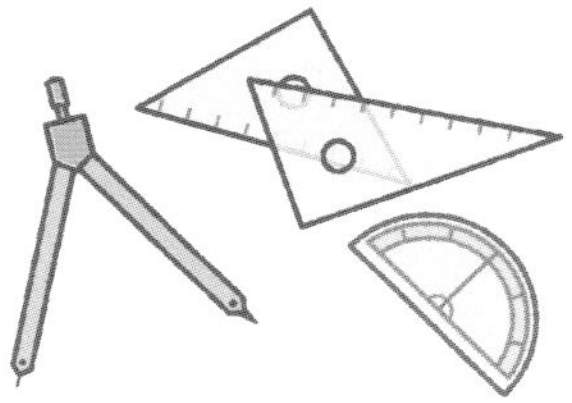

□ 算数

15 subject

□ moral education

16 subject

□ music

17 subject

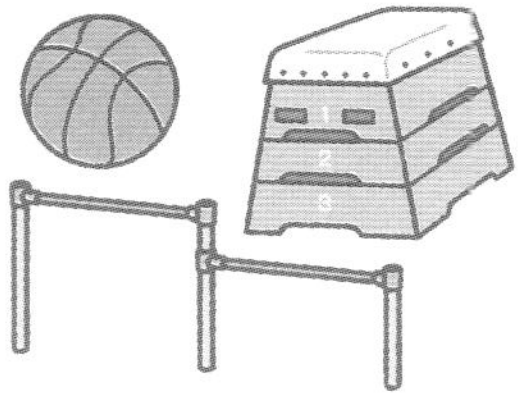

□ P.E.

18 subject

□ science

19 subject

□ social studies

20 sport

□ badminton

21 sport

□ baseball

22 sport

□ basketball

23 sport

□ dodgeball

24 sport

□ rugby

25 sport

□ skiing

26 sport

□ soccer

27 sport

□ swimming

28 sport

□ table tennis

29 sport

□ tennis

30 sport

□ volleyball

18 教科

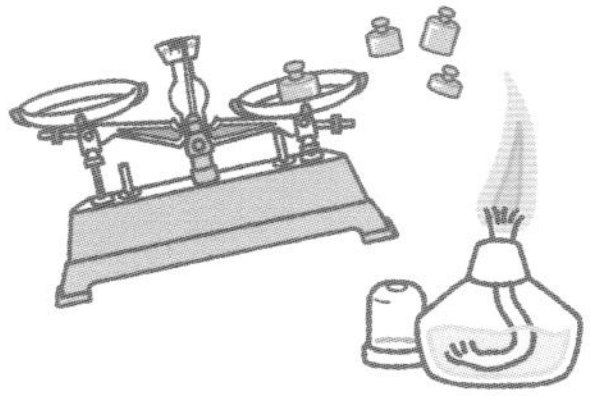

☐ 理科

17 教科

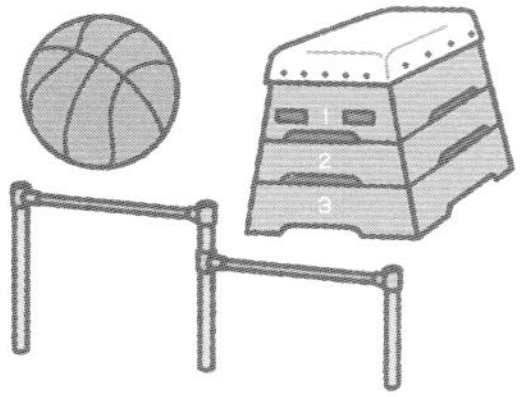

☐ 体育

16 教科

☐ 音楽

15 教科

☐ 道徳

22 スポーツ

☐ バスケットボール

21 スポーツ

☐ 野球

20 スポーツ

☐ バドミントン

19 教科

☐ 社会

26 スポーツ

☐ サッカー

25 スポーツ

☐ スキー

24 スポーツ

☐ ラグビー

23 スポーツ

☐ ドッジボール

30 スポーツ

☐ バレーボール

29 スポーツ

☐ テニス

28 スポーツ

☐ 卓球《たっきゅう》

27 スポーツ

☐ 水泳

31 food

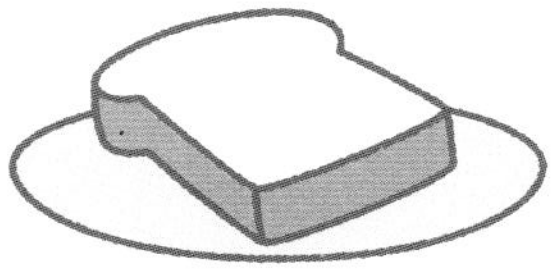

☐ bread

32 food

☐ cake

33 food

☐ chocolate

34 food

☐ curry and rice

35 food

☐ French fries

36 food

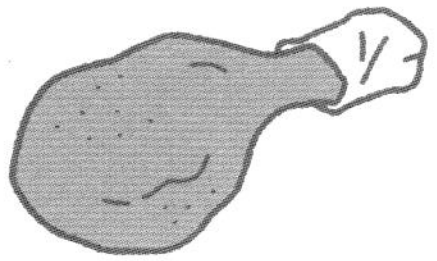

☐ fried chicken

37 food

☐ grilled fish

38 food

☐ hamburger

39 food

☐ ice cream

40 food

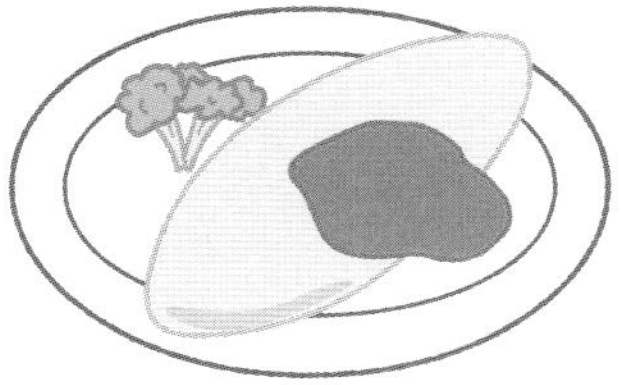

☐ omelet

41 food

☐ pancake

42 food

☐ pizza

43 food

☐ pudding

44 food

☐ rice

45 food

☐ salad

46 food

☐ sandwich

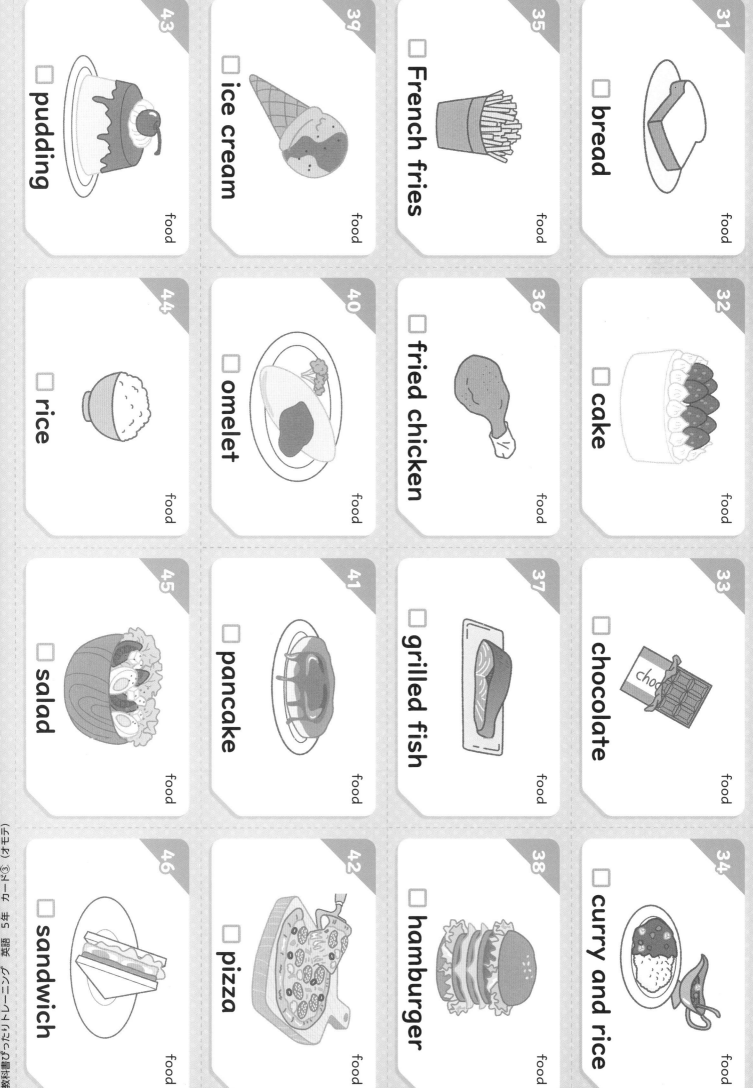

31 食べ物

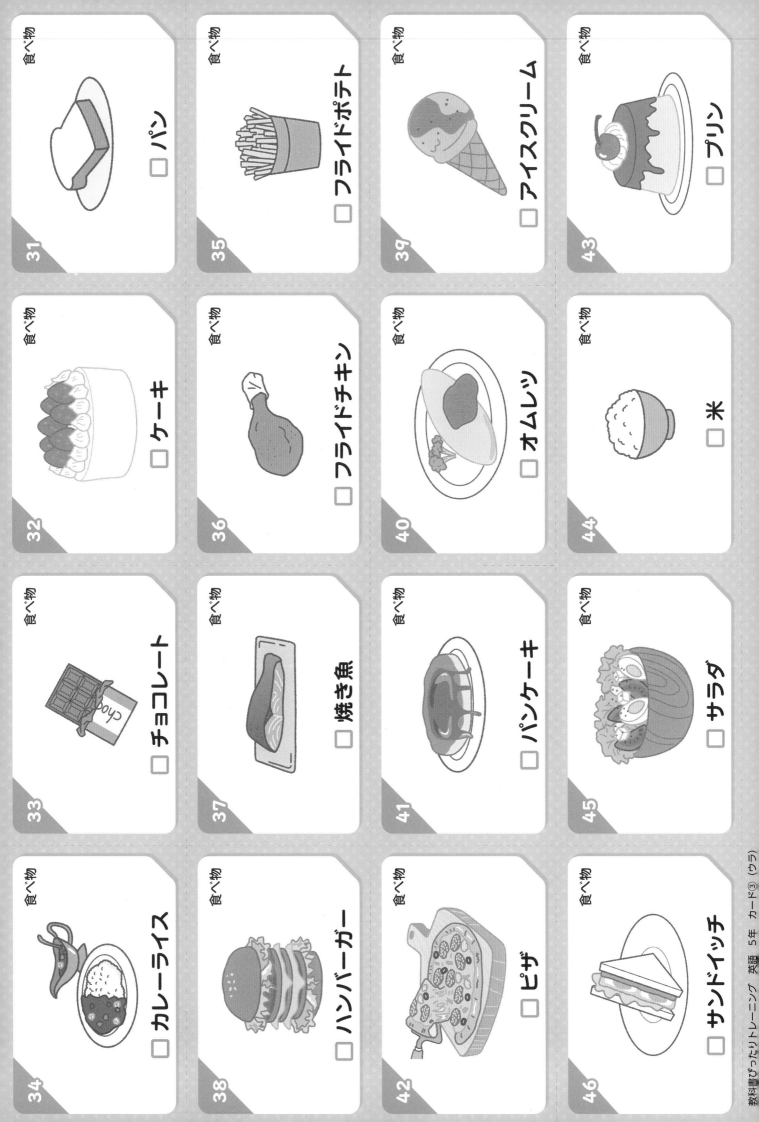

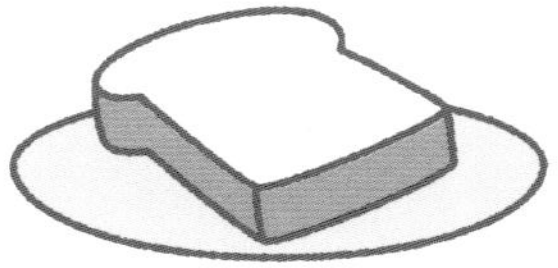

□ パン

32 食べ物

□ ケーキ

33 食べ物

□ チョコレート

34 食べ物

□ カレーライス

35 食べ物

□ フライドポテト

36 食べ物

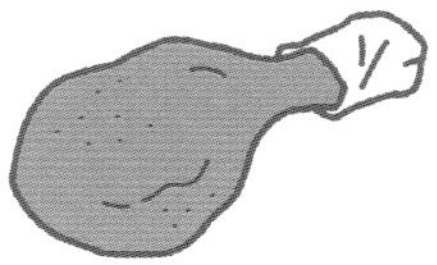

□ フライドチキン

37 食べ物

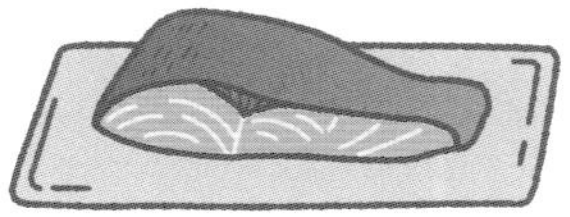

□ 焼き魚

38 食べ物

□ ハンバーガー

39 食べ物

□ アイスクリーム

40 食べ物

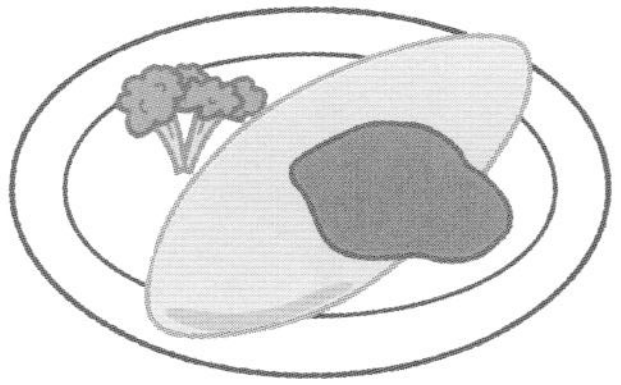

□ オムレツ

41 食べ物

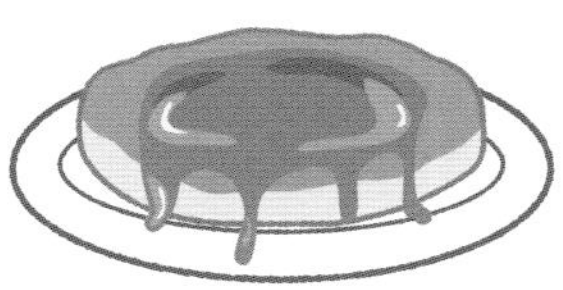

□ パンケーキ

42 食べ物

□ ピザ

43 食べ物

□ プリン

44 食べ物

□ 米

45 食べ物

□ サラダ

46 食べ物

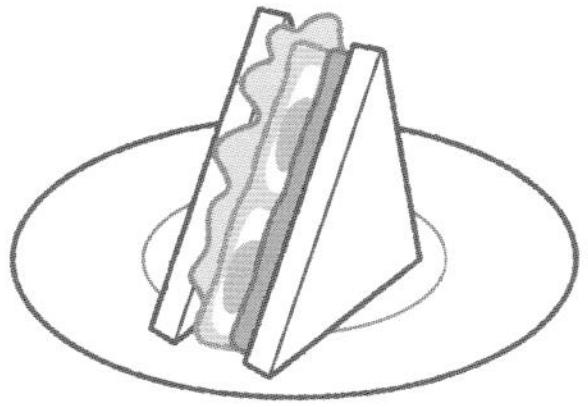

□ サンドイッチ

47 food

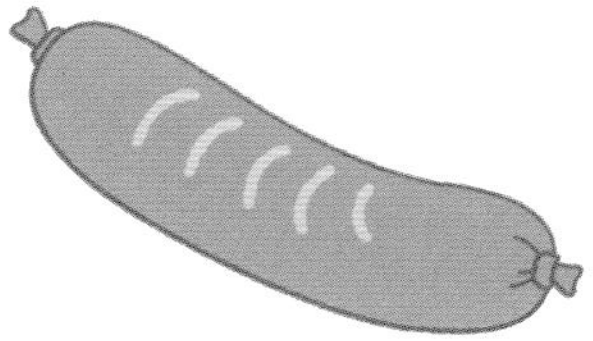

□ sausage

48 food

□ soup

49 food

□ spaghetti

50 food

□ steak

51 drink

□ coffee

52 drink

□ milk

53 drink

□ tea

54 drink

□ water

55 town

□ amusement park

56 town

□ aquarium

57 town

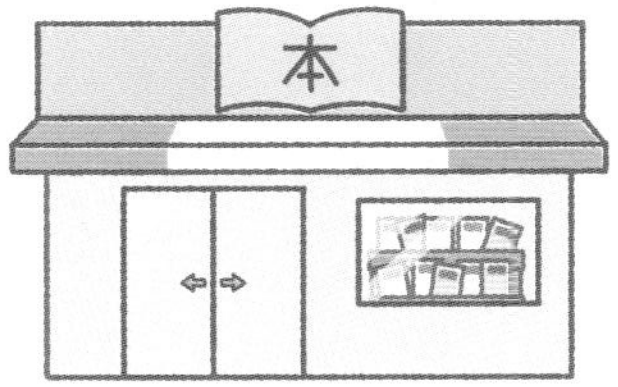

□ bookstore

58 town

□ castle

59 town

□ department store

60 town

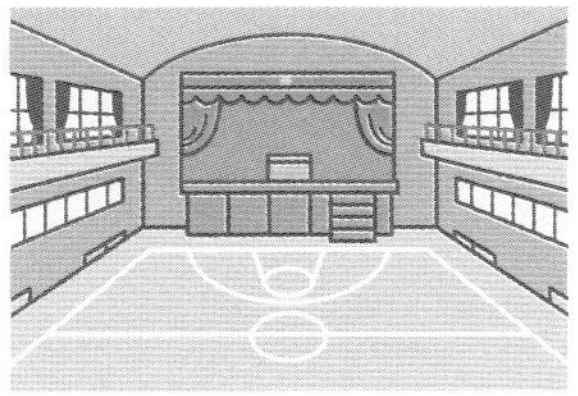

□ gym

61 town

□ hospital

62 town

□ library

50 食べ物

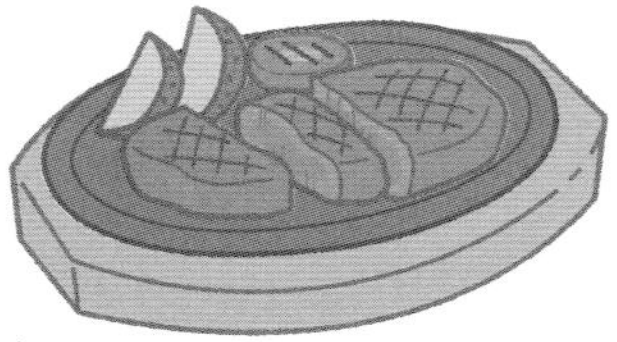

□ ステーキ

49 食べ物

□ スパゲッティ

48 食べ物

□ スープ

47 食べ物

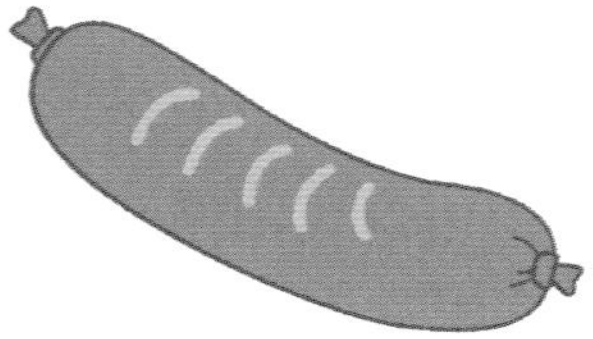

□ ソーセージ

54 飲み物

□ 水

53 飲み物

□ 紅茶《こうちゃ》、茶

52 飲み物

□ 牛乳《ぎゅうにゅう》

51 飲み物

□ コーヒー

58 町

□ 城

57 町

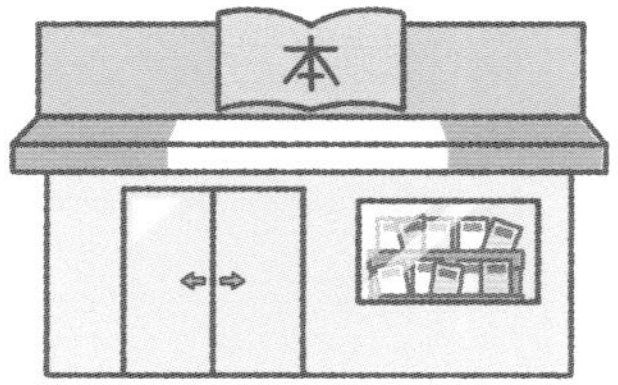

□ 本屋

56 町

□ 水族館

55 町

□ 遊園地

62 町

□ 図書館

61 町

□ 病院

60 町

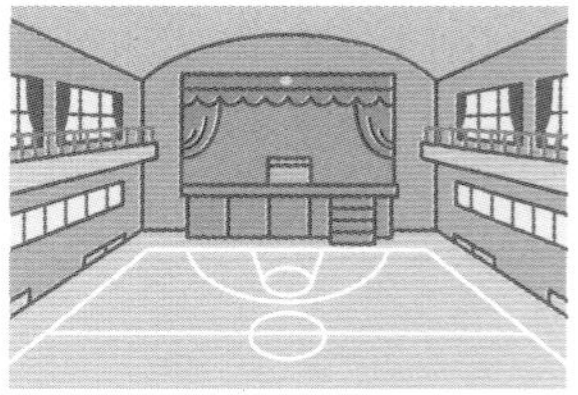

□ 体育館

59 町

□ デパート

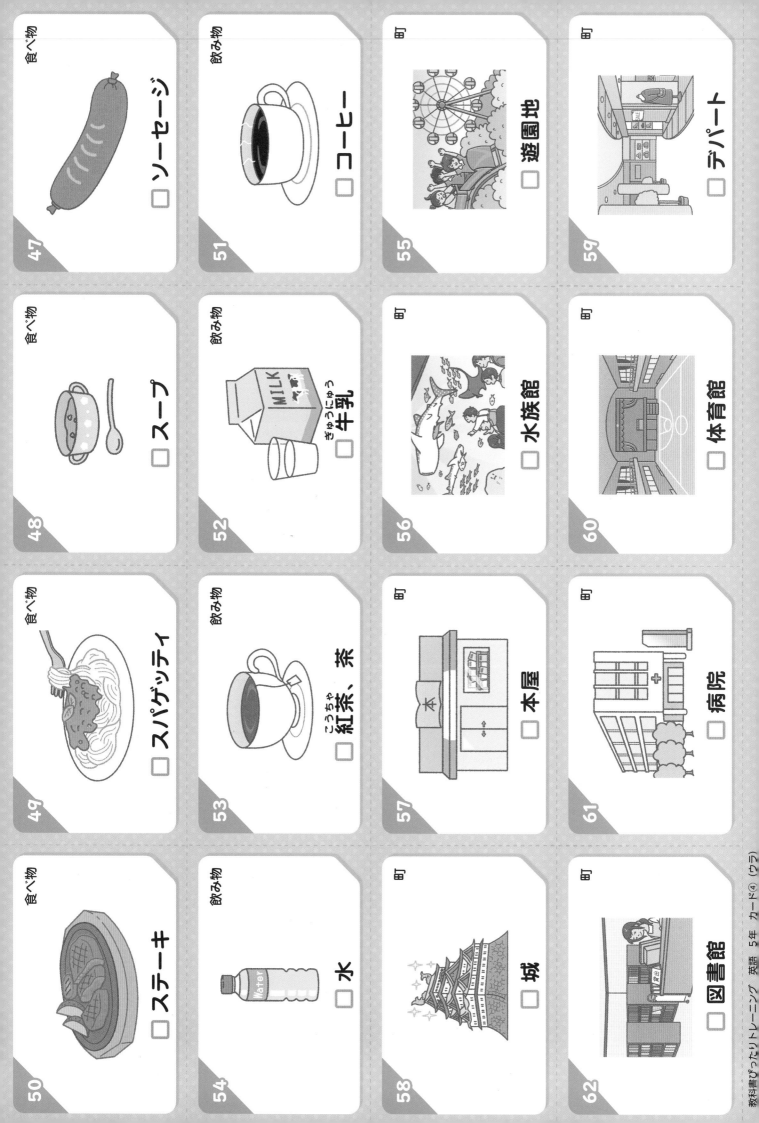

63 town

☐ museum

64 town

☐ park

65 town

☐ police station

66 town

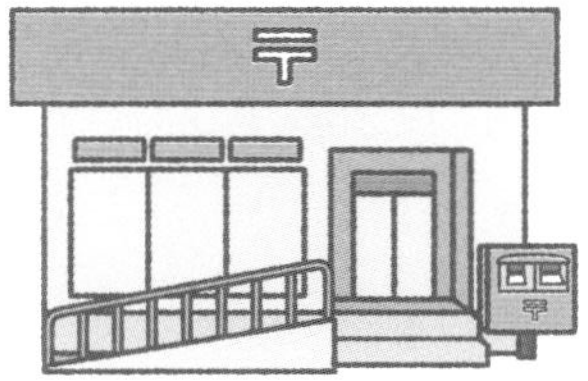

☐ post office

67 town

☐ restaurant

68 town

☐ school

69 town

☐ shrine

70 town

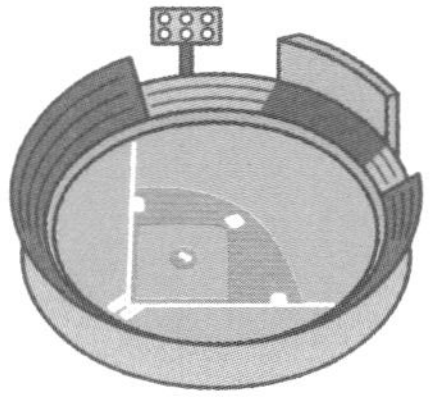

☐ stadium

71 town

☐ station

72 town

☐ supermarket

73 town

☐ temple

74 town

☐ zoo

75 color

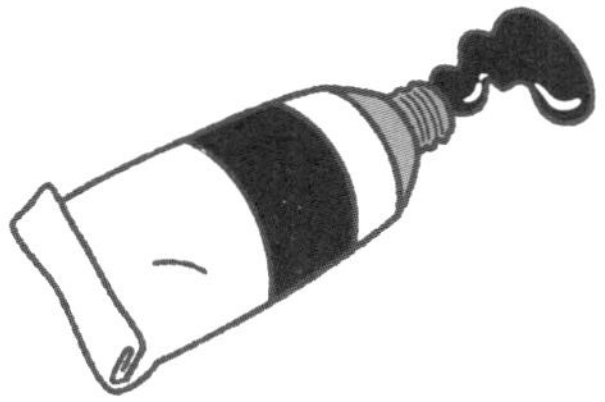

☐ black

76 color

☐ blue

77 color

☐ brown

78 color

☐ green

63 町

□ 博物館、美《び》術《じゅつ》館《かん》

64 町

□ 公園

65 町

□ 警察署《けいさつしょ》

66 町

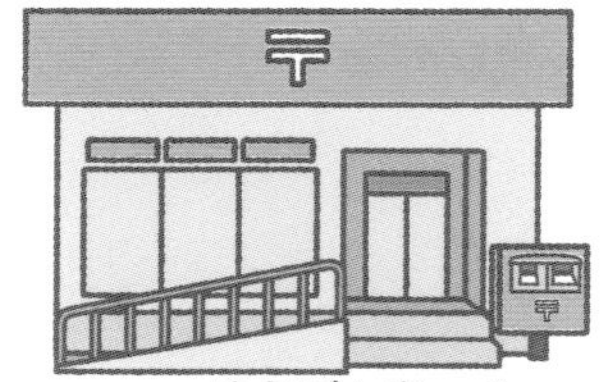

□ 郵便局《ゆうびんきょく》

67 町

□ レストラン

68 町

□ 学校

69 町

□ 神社

70 町

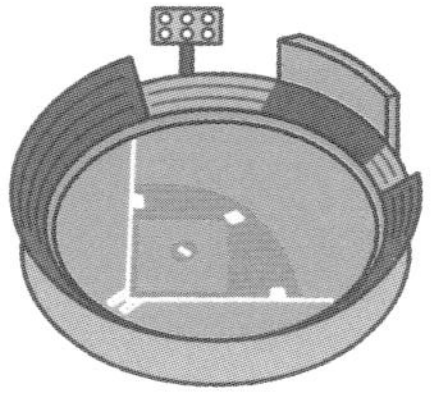

□ スタジアム

71 町

□ 駅

72 町

□ スーパーマーケット

73 町

□ 寺

74 町

□ 動物園

75 色

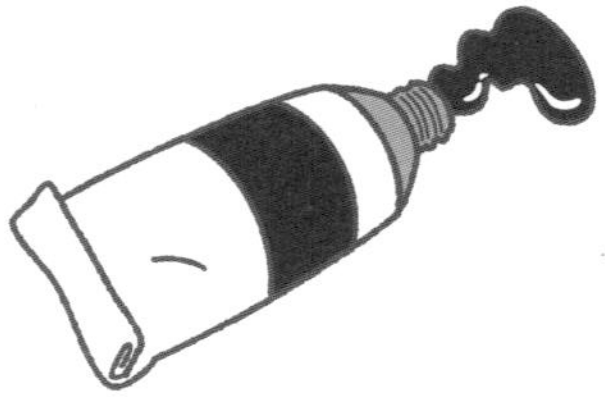

□ 黒

76 色

□ 青

77 色

□ 茶色

78 色

□ 緑

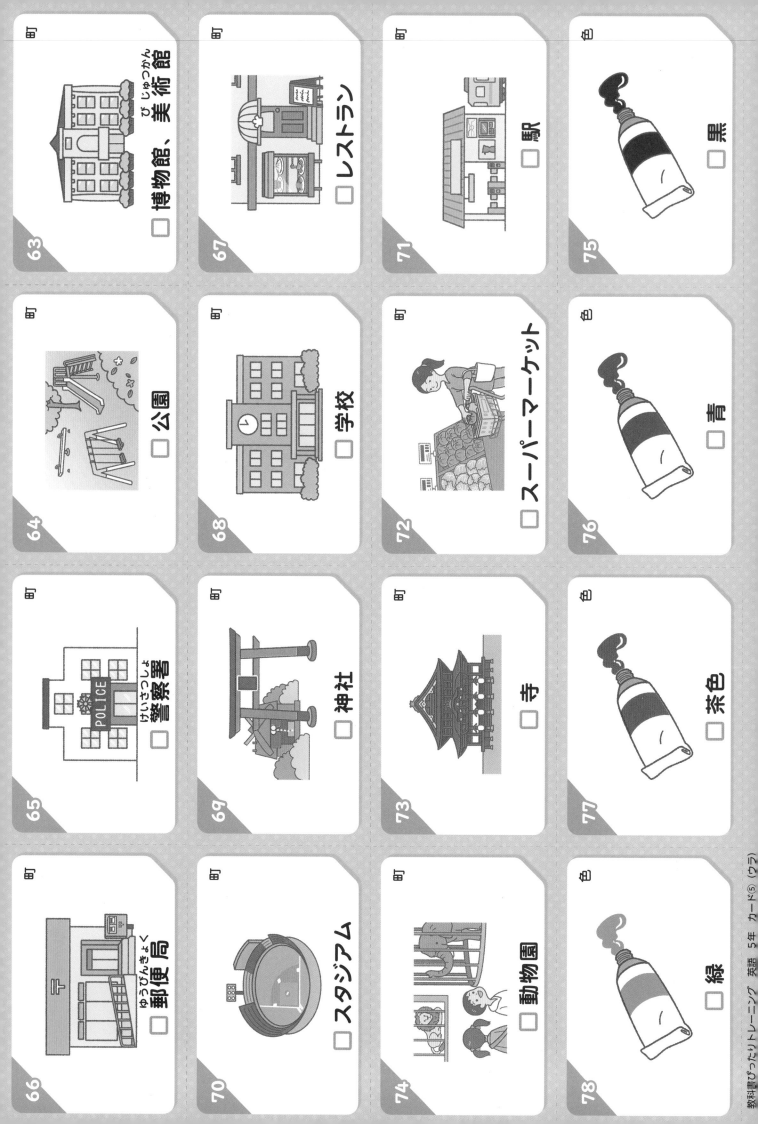

79 color

☐ orange

80 color

☐ pink

81 color

☐ purple

82 color

☐ red

83 color

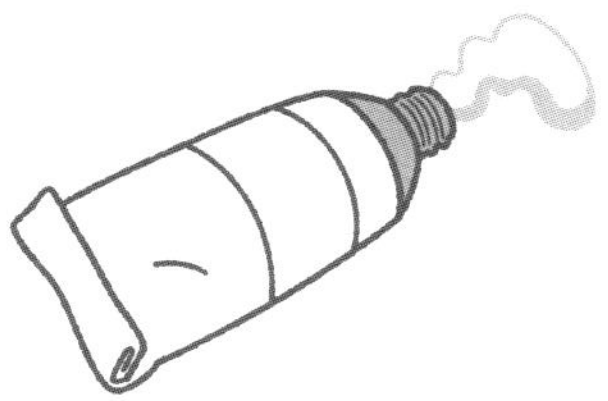

☐ white

84 color

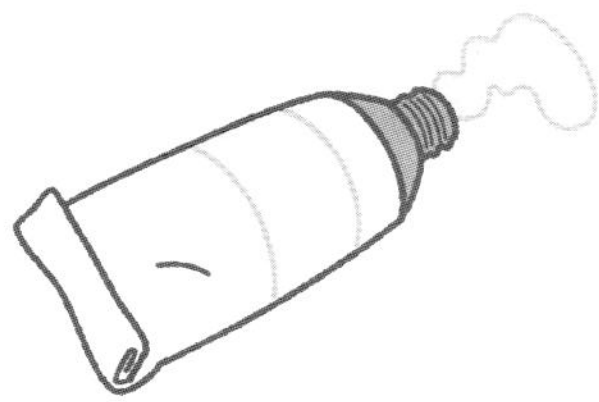

☐ yellow

85 state

☐ big

86 state

☐ small

87 state

☐ beautiful

88 state

☐ bitter

89 state

☐ salty

90 state

☐ sour

91 state

☐ cool

92 state

☐ cute

93 state

☐ sweet

94 state

☐ delicious

82 色

□ 赤

81 色

□ むらさき

80 色

□ ピンク

79 色

□ オレンジ色

86 状態《じょうたい》・様子

□ 小さい

85 状態《じょうたい》・様子

□ 大きい

84 色

□ 黄色

83 色

□ 白

90 状態《じょうたい》・様子

□ すっぱい

89 状態《じょうたい》・様子

□ 塩からい

88 状態《じょうたい》・様子

□ 苦い

87 状態《じょうたい》・様子

□ 美しい

94 状態《じょうたい》・様子

□ おいしい

93 状態《じょうたい》・様子

□ あまい

92 状態《じょうたい》・様子

□ かわいい

91 状態《じょうたい》・様子

□ かっこいい

95

state

□ exciting

96

state

□ famous

97

state

□ fine

98

state

□ friendly

99

state

□ fun

100

state

□ funny

101

state

□ good

102

state

□ great

103

state

□ happy

104

state

□ interesting

105

state

□ kind

106

state

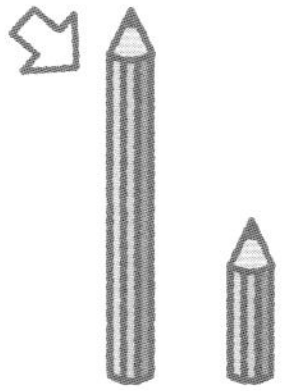

□ long

107

state

□ short

108

state

□ new

109

state

□ old

110

state

□ popular

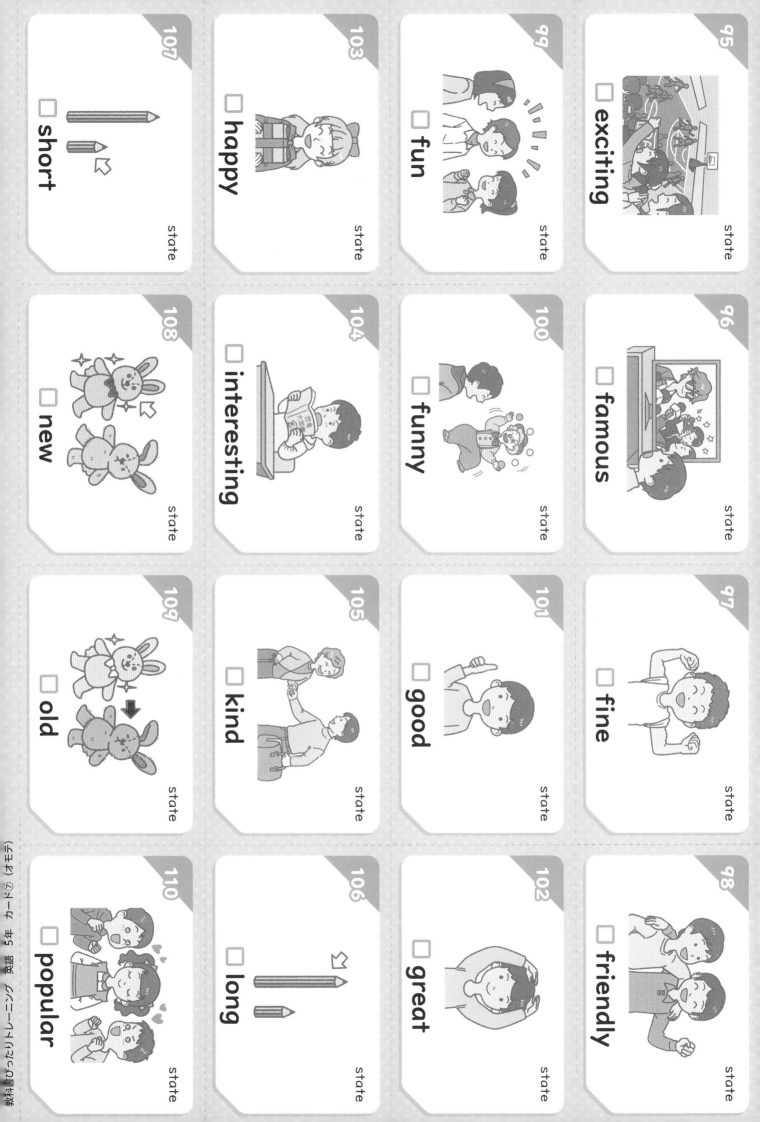

95

状態《じょうたい》・様子

□ わくわくする

96

状態《じょうたい》・様子

□ 有名な

97

状態《じょうたい》・様子

□ 元気な

98

状態《じょうたい》・様子

□ 友好的な

99

状態《じょうたい》・様子

□ 楽しい

100

状態《じょうたい》・様子

□ おかしい

101

状態《じょうたい》・様子

□ よい

102

状態《じょうたい》・様子

□ すばらしい

103

状態《じょうたい》・様子

□ 幸せな

104

状態《じょうたい》・様子

□ おもしろい

105

状態《じょうたい》・様子

□ 親切な

106

状態《じょうたい》・様子

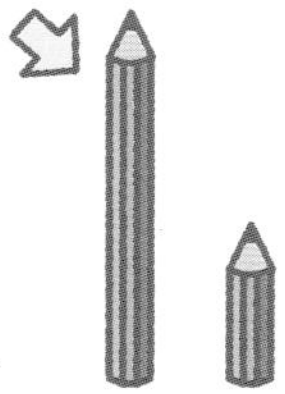

□ 長い

107

状態《じょうたい》・様子

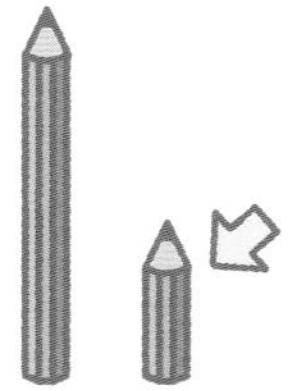

□ 短い

108

状態《じょうたい》・様子

□ 新しい

109

状態《じょうたい》・様子

□ 古い

110

状態《じょうたい》・様子

□ 人気のある

111 state

□ sleepy

112 state

□ smart

113 state

□ strong

114 state

□ tired

115 month

□ January

116 month

□ February

117 month

□ March

118 month

□ April

119 month

□ May

120 month

□ June

121 month

□ July

122 month

□ August

123 month

□ September

124 month

□ October

125 month

□ November

126 month

□ December

111
状態《じょうたい》・様子

□ ねむい

112
状態《じょうたい》・様子

□ かしこい

113
状態《じょうたい》・様子

□ 強い

114
状態《じょうたい》・様子

□ つかれた

115
月

□ 1月

116
月

□ 2月

117
月

□ 3月

118
月

□ 4月

119
月

□ 5月

120
月

□ 6月

121
月

□ 7月

122
月

□ 8月

123

□ 9月

124
月

□ 10月

125
月

□ 11月

126
月

□ 12月

もくじ

英語5年
啓林館版
Blue Sky elementary

教科書ぴったりトレーニング
▶3分でまとめ動画

トラック トラック のついているところと、各付録の音声は、右のQRコード、または専用の「ポケットリスニング」のアプリから聞くことができます。
「ポケットリスニング」について、くわしくは表紙の裏をご覧ください。
https://www.shinko-keirin.co.jp/shinko/listening-pittari_training/

スピーキングアプリ のついているところは専用の「ぴたトレスピーキング」のアプリで学習します。
くわしくは97ページをご覧ください。

アルファベットを学ぼう 大文字

学習日　月　日

アルファベット　大文字

きキトリ　音声でアルファベットの音を聞いて、後に続いて言ってみましょう。　トラック0

□ A《エイ》

□ B《ビー》

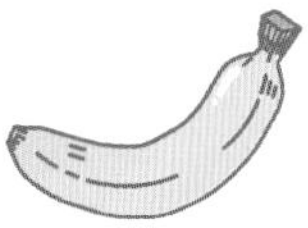

□ C《スィー》

□ D《ディー》

□ E《イー》

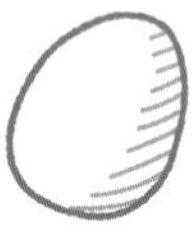

□ F《エフ》

□ G《ジー》

□ H《エイチ》

□ I《アイ》

□ J《ジェイ》

□ K《ケイ》

□ L《エル》

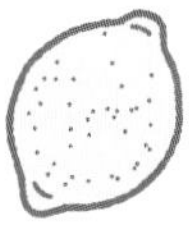

□ M《エンム》

□ N《エンヌ》

□ O《オウ》

□ P《ピー》

□ Q《キュー》

□ R《アール》

□ S《エス》

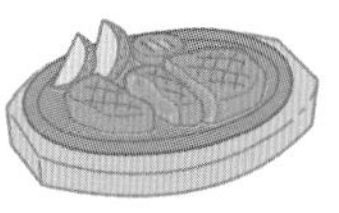

□ T《ティー》

□ U《ユー》

□ V《ヴィー》

□ W《ダブリュー》

□ X《エクス》

□ Y《ワイ》

□ Z《ズィー》

☑ 発音したらチェック

ぴったり2

練習

学習日　　月　　日

※アルファベットの書き順は目安です。
※この本では英語の発音をよく似たカタカナで表しています。
めやすと考え、音声で正しい発音を確かめましょう。

がきトリ　声に出して文字をなぞった後、自分で2回ぐらい書いてみましょう。　できたらチェック！　書く　話す

① A
② B
③ C
④ D
⑤ E
⑥ F
⑦ G
⑧ H
⑨ I
⑩ J
⑪ K
⑫ L
⑬ M
⑭ N
⑮ O
⑯ P
⑰ Q
⑱ R
⑲ S
⑳ T
㉑ U
㉒ V
㉓ W
㉔ X
㉕ Y
㉖ Z

ヒント

大文字は、一番上の線から3番目の線までの間に書くよ。

アルファベットを学ぼう 小文字

学習日 月 日

アルファベット 小文字

ききトリ アルファベットをリズムに乗って言ってみましょう。 トラック0

□ a《エイ》

□ b《ビー》

□ c《スィー》

□ d《ディー》

□ e《イー》

□ f《エフ》

□ g《ジー》

□ h《エイチ》

□ i《アイ》

□ j《ジェイ》

□ k《ケイ》

□ l《エル》
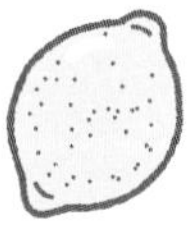

□ m《エンム》

□ n《エンヌ》

□ o《オウ》

□ p《ピー》

□ q《キュー》

□ r《アール》

□ s《エス》
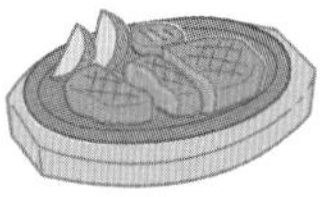

□ t《ティー》

□ u《ユー》

□ v《ヴィー》

□ w《ダブリュー》

□ x《エクス》

□ y《ワイ》

□ z《ズィー》

☑ 発音したらチェック

ぴったり2

練習

学習日　　月　　日

※アルファベットの書き順は目安です。
※この本では英語の発音をよく似たカタカナで表しています。
めやすと考え、音声で正しい発音を確かめましょう。

かきトリ 声に出して文字をなぞった後、自分で2回ぐらい書いてみましょう。 できたらチェック！ 書く 話す

① a
② b
③ c
④ d
⑤ e
⑥ f
⑦ g
⑧ h
⑨ i
⑩ j
⑪ k
⑫ l
⑬ m
⑭ n
⑮ o
⑯ p
⑰ q
⑱ r
⑲ s
⑳ t
㉑ u
㉒ v
㉓ w
㉔ x
㉕ y
㉖ z

ヒント

b と d のように、形の似《に》ているアルファベットがいくつかあるね。

★英語を書くときのルール★

英語を書くときは、日本語とはちがうルールがいくつかあります。
次からのページで英語を書くときは、ここで学ぶことに気をつけましょう。

① 単語《たんご》の中の文字どうしはくっつけて書き、単語どうしははなして書く！

Good morning. I'm Saori.

Goodのように、1文字1文字がはなれないようにしよう。

↑ 単語と単語の間は、少しあけるよ。　↑ 文と文の間は、1文字程度あけるよ。

② 文の最初《さいしょ》の文字は大文字で書く！

Good morning.

× good morning.

Yes, I do.

I は文のどこでも大文字だよ。

▶ 以下《いか》のような単語は文のどこでも大文字で始めます。

人の名前

Olivia

国名

Japan

地名

Osaka

③ 文の終わりにはピリオド（.）をつける！

Nice to meet you.

Good idea!

強調するときなどに使うエクスクラメーションマーク（!）をつけるときは ピリオドはなくてよいよ。

④ たずねる文の終わりには、ピリオドのかわりにクエスチョンマーク（?）をつける！

How are you?

× How are you.

⑤ 単語の間にはコンマ（,）をつけることがある！

Yes, it is.

Yes や No のあとにはコンマ（,）を入れるよ。

★数字を表す英語のルール★

トラック0

ものの個数や値段《ねだん》、年れいを表す数字と、日づけなどに使う数字の２通りを知っておきましょう。

ものの個数や値段、年れいを表す数字

1 one	2 two	3 three	4 four	5 five
6 six	7 seven	8 eight	9 nine	10 ten
11 eleven	12 twelve	13 thirteen	14 fourteen	15 fifteen
16 sixteen	17 seventeen	18 eighteen	19 nineteen	20 twenty
21 twenty-one	22 twenty-two	23 twenty-three	24 twenty-four	25 twenty-five
26 twenty-six	27 twenty-seven	28 twenty-eight	29 twenty-nine	30 thirty
40 forty	50 fifty	60 sixty	70 seventy	80 eighty
90 ninety	100 one hundred			

（例）　three apples（3つのりんご）

日づけを表す数字

1st first	2nd second	3rd third	4th fourth	5th fifth	6th sixth	7th seventh
8th eighth	9th ninth	10th tenth	11th eleventh	12th twelfth	13th thirteenth	14th fourteenth
15th fifteenth	16th sixteenth	17th seventeenth	18th eighteenth	19th nineteenth	20th twentieth	21st twenty-first
22nd twenty-second	23rd twenty-third	24th twenty-fourth	25th twenty-fifth	26th twenty-sixth	27th twenty-seventh	28th twenty-eighth
29th twenty-ninth	30th thirtieth	31st thirty-first				

（例）　My birthday is April 1st.
（わたしの誕生日《たんじょうび》は4月1日です。）

ぴったり1 準備

3分でまとめ

Pre Unit Hi, I'm Hana. H-a-n-a. ①

学習日　月　日

めあて
自己《じこ》しょうかいをできるようになろう。

教科書　8～9ページ

自己しょうかいの伝え方

ききトリ　音声を聞き、声に出してみましょう。　トラック1～2

Hi《ハイ》, I'm《アイム》 Sakura《サクラ》. I《アイ》 like《ライク》 apples《アプルズ》.
I《アイ》 don't《ドウント》 like《ライク》 bananas《バナナズ》.
こんにちは、わたしは桜《さくら》です。わたしはリンゴが好きです。
わたしはバナナが好きではありません。

せつめい　つたえる　I'm ～. で、「わたしは～です。」と自分の名前を伝えることができます。自分の好きなものを伝えるときは、I like ～.「わたしは～が好きです。」と表します。自分が好きでないものを伝えるときは、I don't like ～. で、「わたしは～が好きではありません。」と表します。

ききトリ　音声を聞き、英語の言葉を言いかえて、文を読んでみましょう。　トラック3～4

Hi, I'm Sakura. I like apples. I don't like bananas.

いいかえよう　食べ物・動物・色を表す英語

□green peppers（ピーマン）
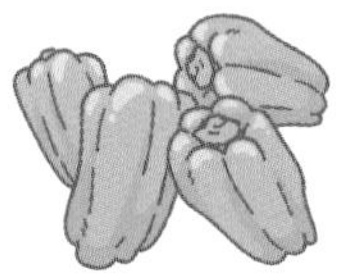

□strawberries（イチゴ）
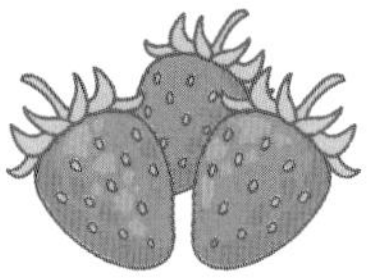

□cherries（サクランボ）

□rabbits（ウサギ）

□tigers（トラ）

□cats（ネコ）

□red（赤）
□dogs（犬）
□soccer（サッカー）

□black（黒）
□spiders（クモ）
□swimming（水泳）

□blue（青）
□snakes（ヘビ）
□tennis（テニス）

ワンポイント
I like ～. / I don't like ～. の「～」には野菜や色など、さまざまな言葉が入るよ。

これを知ったらワンダフル！
ネコなどのように数えられるものは「～が好き」というとき、「ネコという動物のすべて」をさしているので、s をつけるよ。

小冊子のp.16～19で、もっと言葉や表現を学ぼう！

ぴったり2

練習

学習日　　月　　日

?ぴったりクイズ　答えはこのページの下にあるよ！

「ガ」はmothだけど、「チョウ」は英語でなんて言うかわかるかな？

教科書　8～9ページ

かきトリ　英語をなぞり、声に出してみましょう。

できたらチェック！　書く　話す

□サクランボ
cherries

□イチゴ
strawberries

□ウサギ
rabbits

□ピーマン
green peppers

□トラ
tigers

□ネコ
cats

□赤
red

□黒
black

□青
blue

□犬
dogs

□こんにちは、わたしは桜《さくら》です。
Hi, I'm Sakura.

□わたしはリンゴが好きです。
I like apples.

□わたしはバナナが好きではありません。
I don't like bananas.

▶読み方が分からないときは、左ページにもどって音声を聞いてみましょう。

やりトリ　自分の名前と好ききらいを書いて、声に出してみましょう。

できたらチェック！　書く　話す

Hi, I'm ＿＿＿＿＿＿＿＿.

I like ＿＿＿＿＿＿＿＿.

I don't like ＿＿＿＿＿＿＿＿.

つたえるコツ

好きなもの・好きでないものを続けて言うときは、likeとdon't likeを強く言って、ちがいをはっきり伝えるようにしよう。

▶あてはめる英語は、左のページや付録の小冊子、教科書や辞書などから探してみよう！

練習ができたら、次は誰かに伝えてみよう！

ぴったりクイズの答え　「チョウ」は英語でbutterfly［バタフライ］と言うよ。butter（バター）のように黄色に光るfly（飛ぶ虫）という由来があるよ。

ぴったり1 準備

Pre Unit Hi, I'm Hana. H-a-n-a. ②

学習日　　月　　日

めあて
名前のつづりについてのやりとりができるようになろう。

教科書　10～11 ページ

名前のつづりのたずね方／答え方

ききトリ　音声を聞き、声に出してみましょう。　トラック5～6

How《ハウ》 do《ドゥー》 you《ユー》 spell《スペル》 your《ユア》 name《ネイム》?
あなたの名前はどうつづるのですか。

S《エス》-a《エイ》-k《ケイ》-u《ユー》-r《アール》-a《エイ》.
S-a-k-u-r-aです。

Sakura《サクラ》.
Sakuraです。

せつめい

たずねる　名前のつづりを聞くときは、How do you spell your name? で「あなたの名前はどうつづるのですか。」と表します。

こたえる　名前のつづりを答えるときは、アルファベットを１文字ずつ言っていきます。

ききトリ　音声を聞き、英語の言葉を言いかえて、文を読んでみましょう。　トラック7～8

How do you spell your name?

S-a-k-u-r-a. Sakura .

いいかえよう　名前

□Kai（海）

□Hana（花）

□Riku（陸）

□Emma（エマ）

□Kevin（ケビン）

□Mary（メアリー）

□Jane（ジェーン）　□Jimmy（ジミー）　□Karen（カレン）

ワンポイント
日本人の名前はヘボン式のローマ字が使われるよ。教科書10ページの表をよく見よう！shi, chi, tsu, fuなどの書き方に注意しよう。

練習

学習日　　月　　日

ぴったりクイズ 答えはこのページの下にあるよ！

日本人の名前の伝え方は「名字→名前」と「名前→名字」の2通りがあるけど、日本のパスポートに日本人の名前を入れるときは、どちらになるかわかるかな？

教科書　10〜11 ページ

かきトリ 英語をなぞり、声に出してみましょう。

できたらチェック！ 書く □ 話す □

□ジミー
Jimmy

□エマ
Emma

□ジェーン
Jane

□カレン
Karen

□ケビン
Kevin

□メアリー
Mary

□あなたの名前はどうつづるのですか。
How do you spell your name?

□S-a-k-u-r-aです。Sakuraです。
S-a-k-u-r-a. Sakura.

□M-a-r-yです。Maryです。
M-a-r-y. Mary.

ヒント
名前は大文字で
書き始めよう。

▶読み方が分からないときは、左ページにもどって音声を聞いてみましょう。

やりトリ 自分の名前のつづりを書いて、声に出してみましょう。

できたらチェック！ 書く □ 話す □

How do you spell your name?

＿＿＿＿＿＿＿＿＿＿.

＿＿＿＿＿＿＿＿＿＿.

つたえるコツ
つづりを答えるときはアルファベットをゆっくり・はっきり言うようにしよう。
FとS、MとNなどはとくに気をつけよう。

▶あてはめる英語は、左のページや付録の小冊子、教科書や辞書などから探してみよう！

答える練習ができたら、次は誰かに質問してみよう！

ぴったりクイズの答え パスポートには「名字→名前」の順で入れることが決まっているよ。

ぴったり3

確かめのテスト

Pre Unit Hi, I'm Hana. H-a-n-a. ①〜②

時間 30 分

/100

合格 80 点

教科書 8〜11 ページ　答え 2 ページ

1 音声の内容に合う絵を、下の㋐〜㋒から選び、(　　)に記号を書きましょう。

トラック9

技能　1問5点(10点)

㋐

㋑

㋒

(1) (　　　　)　(2) (　　　　)

2 音声を聞いて、内容に合う絵を線で結びましょう。

トラック10

1問完答15点(45点)

(1)

Ken

(2)

Kevin

(3)

Yuki

ふりかえり　❷が分からないときは、8, 9ページにもどって確認《かくにん》してみよう。

3

日本文に合う英語の文になるように、[　　]の中から語を選び、[　　]に書き、文全体をなぞりましょう。文の最初の文字は大文字で書きましょう。

1つ5点（25点）

(1) こんにちは、わたしはヒロシです。

[　　], I'm Hiroshi.

(2) わたしはハムスターが好きです。

I [　　] [　　].

(3) あなたの名前はどうつづるのですか。

[　　] do you spell your [　　]?

hamsters　　hi　　like　　how　　name

4

絵の内容に合うように、[　　]の中から語句を選び、[　　]に書き、文全体をなぞりましょう。

思考・判断・表現　1問10点（20点）

Mary

Hi, I'm Mary.

(1) I [　　].

(2) I [　　].

like running　　like swimming

don't like running　　don't like swimming

3分でまとめ

Unit 1 I have math on Monday. ①

学習日　　月　　日

めあて
好きな教科についてのやりとりができるようになろう。

教科書 14～15ページ

好きな教科のたずね方／答え方

ききトリ 音声を聞き、声に出してみましょう。　トラック11～12

What《(フ)ワット》 **subject**《サブジェクト》 **do**《ドゥー》 **you**《ユー》 **like**《ライク》**?**
あなたは何の教科が好きですか。

I《アイ》 **like**《ライク》 **math**《マス》**.**
わたしは算数が好きです。

せつめい

たずねる 好きな教科を聞くときは、**What subject do you like?**で「あなたは何の教科が好きですか。」と表します。

こたえる 答えるときは、〈**I like**＋～〉で「私は～(教科)が好きです。」と表します。

ききトリ 音声を聞き、英語の言葉を言いかえて、文を読んでみましょう。　トラック13～14

What subject do you like?　**I like math.**

いいかえよう 教科を表す英語

□English
(英語)

□Japanese
(国語)

□science
(理科)

□social studies
(社会科)

□music
(音楽)

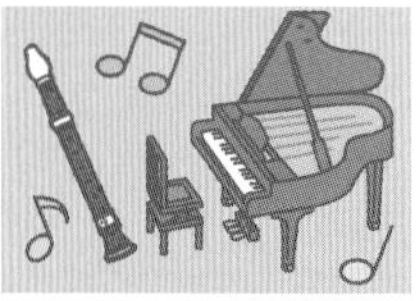

□P. E.
(体育)

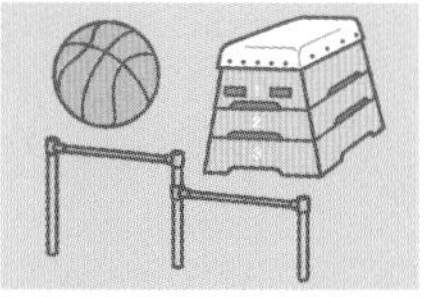

□calligraphy
(書写)

□arts and crafts
(図工)

□home economics
(家庭科)

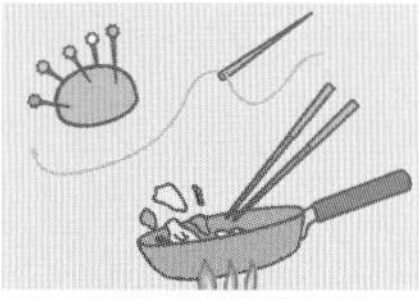

ワンポイント
国語や英語は最初の文字が大文字になることに注意しよう。

これを知ったらワンダフル！
体育を表すP.E.はphysical education［フィズィカル エデュ**ケ**イション］を短くした形だよ。

ぴったり 2

練習

学習日　　月　　日

?ぴったりクイズ 答えはこのページの下にあるよ！

math「算数」は実は長い語を短くした形なんだよ。長い語はなんて言うのかわかるかな。

教科書　14〜15 ページ

かきトリ　英語をなぞり、声に出してみましょう。

できたらチェック！　書く □　話す □

□算数
math

□書写
calligraphy

□体育
P. E.

□理科
science

□社会科
social studies

□国語
Japanese

□英語
English

□家庭科
home economics

□図工
arts and crafts

□あなたは何の教科が好きですか。
What subject do you like?

□わたしは算数が好きです。
I like math.

▶読み方が分からないときは、左ページにもどって音声を聞いてみましょう。

やりトリ　自分の好きな教科を書いて、声に出してみましょう。

できたらチェック！　書く □　話す □

What subject do you like?

I like ______.

つたえるコツ

好きな教科名を強く言おう。好きと言う気持ちを明るい声や笑顔など、体全体で表すようにして、自信をもって言おう。

▶あてはめる英語は、左のページや付録の小冊子、教科書や辞書などから探してみよう！

答える練習ができたら、次は誰かに質問してみよう！

ぴったりクイズの答え　mathの長い形はmathematics［マセ**マ**ティックス］と言うよ。

ぴったり1

準備

Unit 1 I have math on Monday. ②

学習日　　月　　日

めあて

好きな教科について伝えることができるようになろう。

教科書　14〜15ページ

好きな教科と好きな理由の伝え方

ききトリ　音声を聞き、声に出してみましょう。　トラック15〜16

I《アイ》 like《ライク》 math《マス》.　It's《イッツ》 fun《ファン》.

わたしは算数が好きです。それは楽しいです。

せつめい　つたえる　好きな教科を伝えるときは、〈I like〜.〉で「私は〜(教科)が好きです。」、それに続けて好きな理由をIt's 〜.「それは〜です。」と表します。funは「楽しい」という意味です。

ききトリ　音声を聞き、英語の言葉を言いかえて、文を読んでみましょう。　トラック17〜20

I like **math** .

いいかえよう　教科を表す英語

□English(英語)
□Japanese(国語)
□science(理科)
□social studies(社会科)
□music(音楽)
□P.E.(体育)
□calligraphy(書写)
□arts and crafts(図工)
□moral education(道徳)
□club activities(クラブ活動)
□homeroom(ホームルーム)
□period for integrated study(総合的な学習の時間)

ワンポイント

It'sはIt isを短くした形だよ。「それは〜です」という意味を表すよ。

It's **fun** .

いいかえよう　気持ちを表す英語

□exciting
(わくわくさせる)

□interesting
(おもしろい、興味深《きょうみぶか》い)

□easy
(かんたんな)

これを知ったらワンダフル!

interestingは興味や関心がわいてくるおもしろさのこと。funは「楽しい」と感じることを言うよ。

ぴったり2

練習

学習日　　月　　日

?ぴったりクイズ　答えはこのページの下にあるよ！

funは「楽しい」という意味だけど、1文字ちがいのfanはどんな意味かな？

教科書　14～15ページ

かきトリ　英語をなぞり、声に出してみましょう。

できたらチェック！　書く　話す

□かんたんな
easy

□総合的な学習の時間
period for integrated study

□楽しい
fun

□おもしろい、興味深い
interesting

□ホームルーム
homeroom

□わくわくさせる
exciting

□クラブ活動
club activities

□道徳
moral education

□わたしは算数が好きです。
I like math.

□それは楽しいです。
It's fun.

▶読み方が分からないときは、左ページにもどって音声を聞いてみましょう。

やりトリ　自分の好きな教科とその理由を書いて、声に出してみましょう。

できたらチェック！　書く　話す

I like ＿＿＿＿＿＿.

It's ＿＿＿＿＿＿.

つたえるコツ

It's ～の文で好きな教科の理由を伝えるときは、～の部分で感情を込めて言うようにしよう。

▶あてはめる英語は、左のページや付録の小冊子、教科書や辞書などから探してみよう！

練習ができたら、次は誰かに伝えてみよう！

ぴったりクイズの答え

fanには2つの意味があって、1つは扇風機やうちわを表すよ。
もう1つの意味は（音楽やスポーツ、有名人などの）ファンのことだよ。

ぴったり1 準備

Unit 1 I have math on Monday. ③

学習日　　月　　日

めあて
時間わりについてのやりとりができるようになろう。

教科書　16～17ページ

時間わりのたずね方／答え方

ききトリ 音声を聞き、声に出してみましょう。　トラック21～22

What《(フ)ワット》 do《ドゥー》 you《ユー》 have《ハヴ》 on《ア(ー)ン》 Monday《マンデイ》?
あなたは月曜日に何がありますか。

I《アイ》 have《ハヴ》 science《サイエンス》 on《ア(ー)ン》 Monday《マンデイ》.
月曜日に理科があります。

せつめい

たずねる　何曜日に何(の授業)があるか聞くときは、〈What do you have on～?〉で「あなたは～(曜日)に何(の授業)がありますか。」と表します。

こたえる　答えは、〈I have ～ on ....〉で「…曜日に～(教科)があります。」となります。

ききトリ 音声を聞き、英語の言葉を言いかえて、文を読んでみましょう。　トラック23～24

What do you have on **Monday** ?

いいかえよう　曜日を表す英語

□Tuesday
(火曜日)

□Wednesday
(水曜日)

□Thursday
(木曜日)

□Friday
(金曜日)

□Saturday
(土曜日)

□Sunday
(日曜日)

I have science on Monday.

ワンポイント

Tuesday
[**トゥ**ーズデイ]、
Wednesday
[**ウェ**ンズデイ]、
Thursday
[**サー**ズデイ]の発音に注意しよう。

これを知ったらワンダフル!

曜日を表す語の後ろにsをつけると、「毎週○曜日に」という意味になるよ。
on Sundaysなら「毎週日曜日に」だね。

ぴったり2

練習

学習日　　月　　日

?ぴったりクイズ 答えはこのページの下にあるよ！

今回は曜日の英語を習ったけど、「週、一週間」のことはなんて言うか知ってるかな。

教科書　16～17ページ

かきトリ　英語をなぞり、声に出してみましょう。

できたらチェック！　書く　話す

□日曜日

Sunday

□月曜日

Monday

□火曜日

Tuesday

□水曜日

Wednesday

□木曜日

Thursday

□金曜日

Friday

□土曜日

Saturday

□あなたは月曜日に何がありますか。

What do you have on Monday?

□月曜日に理科があります。

I have science on Monday.

▶読み方が分からないときは、左ページにもどって音声を聞いてみましょう。

やりトリ　月曜日にある教科を書いて、声に出してみましょう。

できたらチェック！　書く　話す

What do you have on Monday?

I have ________ on Monday.

つたえるコツ

教科を強く言おう。
好きな教科を2つ言うときはand、3つ以上のときはコンマ(,)でつなげて最後にandを使おう。

▶あてはめる英語は、左のページや付録の小冊子、教科書や辞書などから探してみよう！

答える練習ができたら、次は誰かに質問してみよう！

ぴったりクイズの答え　「週、一週間」はweek［**ウィ**ーク］と言うよ。ゴールデンウィークなどでよく聞いている言葉だね。

ぴったり3

確かめのテスト

Unit 1
I have math on Monday. ①〜③

時間 30 分

／100

合格 80 点

教科書 14〜17ページ　答え 3ページ

1 音声の内容に合う絵を、下の㋐〜㋒から選び、(　　)に記号を書きましょう。

トラック25

技能　1問10点(20点)

㋐

㋑

㋒

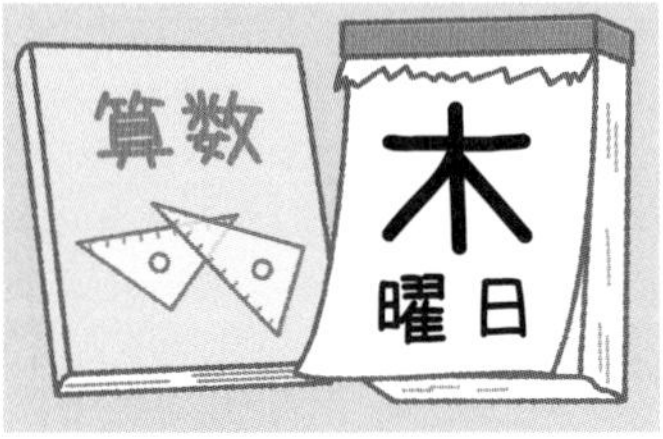

(1) (　　　　)　(2) (　　　　)

2 音声を聞いて、内容に合う絵を線で結びましょう。

トラック26

1問10点(30点)

(1)

Yuki

(2)

Emma

(3)

Kevin

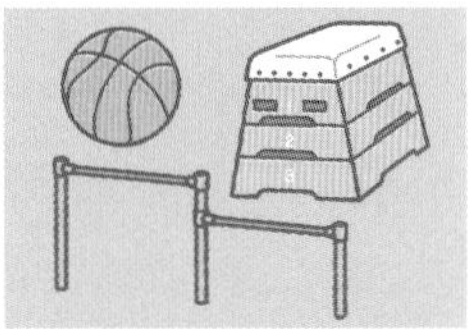

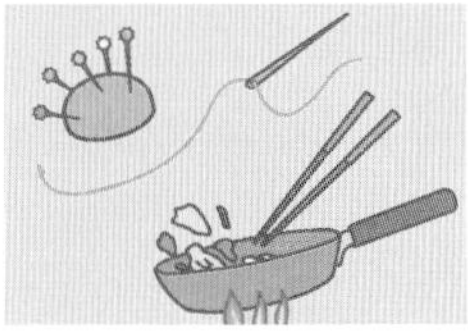

ふりかえり　❷が分からないときは、14, 15ページにもどって確認《かくにん》してみよう。

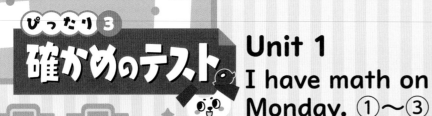

3 日本文に合う英語の文になるように、　　　の中から語を選び、　　　に書き、文全体をなぞりましょう。２回使う語もあります。文の最初の文字は大文字で書きましょう。

1問完答10点(20点)

(1) あなたは金曜日に何(の教科)がありますか。

＿＿＿＿ do you have on ＿＿＿＿?

(2) 金曜日に英語があります。

I have ＿＿＿＿ on ＿＿＿＿.

English　　what　　Friday

4 絵の中の女の子になったつもりで、日記を書きましょう。　　　の中から語を選び、　　　に書き、文全体をなぞりましょう。文の最初の文字は大文字で書きましょう。

思考・判断・表現　1問完答10点(30点)

(1) I like ＿＿＿＿.

(2) ＿＿＿＿ interesting.

(3) I have ＿＿＿＿ on ＿＿＿＿.

music　　it's　　math　　Tuesday　　Wednesday

ぴったり1
準備

3分でまとめ

Unit 2 My birthday is May 25th. ①

学習日　　月　　日

めあて
誕生日《たんじょうび》についてのやりとりができるようになろう。

教科書　24〜25ページ

誕生日のたずね方／伝え方

ききトリ　音声を聞き、声に出してみましょう。　トラック27〜28

When's《(フ)ウェンズ》 your《ユア》 birthday《バースデイ》?
あなたの誕生日はいつですか。

My《マイ》 birthday《バースデイ》 is《イズ》 May《メイ》 25th《トゥウェンティ フィフス》.
わたしの誕生日は5月25日です。

せつめい

たずねる　誕生日をたずねるときは、When's your birthday? で「あなたの誕生日はいつですか。」となります。

こたえる　答えは、〈My birthday is＋月を表す語＋順番を表す語.〉で「わたしの誕生日は○月△日です。」と表します。

ききトリ　音声を聞き、英語の言葉を言いかえて、文を読んでみましょう。　トラック29〜30

When's your birthday?

My birthday is **May** 25th.

いいかえよう　月を表す英語

□January（1月）	□February（2月）	□March（3月）	□April（4月）
□May（5月）	□June（6月）	□July（7月）	□August（8月）
□September（9月）	□October（10月）	□November（11月）	□December（12月）

ワンポイント
月を表す英語はすべて、最初の文字を大文字で表すよ。

これを知ったらワンダフル！
月を表す英語はそれぞれJan. Feb. Mar. のように「最初の3文字＋ピリオド」として短く表すことができるよ。September だけは Sep. だけでなく、Sept. と4文字で表すこともできるよ。

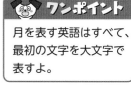

ぴったり2
練習

学習日　　月　　日

?ぴったりクイズ 答えはこのページの下にあるよ！

日本語では、日付を「年・月・日」の順で表すことがほとんどだけど、英語ではどのような順番か知ってるかな？

教科書　24〜25ページ

かきトリ　英語をなぞり、声に出してみましょう。

できたらチェック！　書く　話す

□1月
January

□2月
February

□3月
March

□4月
April

□5月
May

□6月
June

□7月
July

□8月
August

□9月
September

□10月
October

□11月
November

□12月
December

□あなたの誕生日はいつですか。
When's your birthday?

□わたしの誕生日は5月25日です。
My birthday is May 25th.

▶読み方が分からないときは、左ページにもどって音声を聞いてみましょう。

やりトリ　自分の誕生日を書いて、声に出してみましょう。

できたらチェック！　書く　話す

When's your birthday?

My birthday is ＿＿＿＿＿＿.

つたえるコツ
順番を表す英語を使って日にちを言うときは、アクセント(音の強弱)に注意しよう。

▶あてはめる英語は、左のページや付録の小冊子、教科書や辞書などから探してみよう！

答える練習ができたら、次は誰かに質問してみよう！

ぴったりクイズの答え
アメリカ英語では「月・日・年」の順番、イギリス英語では「日・月・年」の順番で表すことが多いよ。

ぴったり1 準備

Unit 2 My birthday is May 25th. ②

学習日　　月　　日

めあて
誕生《たんじょう》日《ひ》にほしいもののやりとりができるようになろう。

教科書 26～27ページ

誕生日にほしいもののたずね方／伝え方

ききトリ　音声を聞き、声に出してみましょう。　トラック31～32

What《(フ)ワット》 do《ドゥー》 you《ユー》 want《ワ(ー)ント》 for《フォー》 your《ユア》 birthday《バースデイ》?
あなたは誕生日に何がほしいですか。

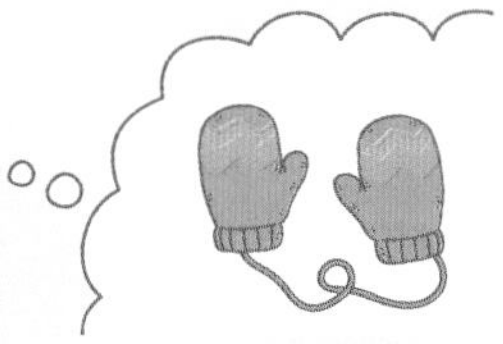

I《アイ》 want《ワ(ー)ント》 gloves《グラヴス》.
わたしは手ぶくろがほしいです。

せつめい
たずねる　誕生日にほしいものをたずねるときは、What do you want for your birthday?（あなたは誕生日に何がほしいですか。）となります。
こたえる　答え方は〈I want ～(ほしいものの名前).〉「私は～がほしいです。」とします。

ききトリ　音声を聞き、英語の言葉を言いかえて、文を読んでみましょう。　トラック33～34

What do you want for your birthday?

I want gloves .

いいかえよう　ほしいものを表す英語

□a dog
（イヌ）

□a cap
（ぼうし）

□a computer game
（コンピューターゲーム）

□a bag
（かばん）

□a soccer ball
（サッカーボール）

□a sweater
（セーター）

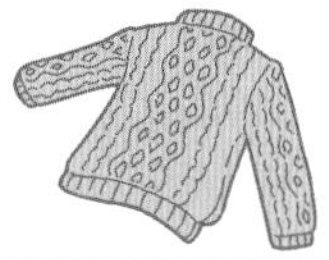

□an umbrella
（かさ）

□a watch
（うで時計）

□books
（本）

ワンポイント
「1つの、1ぴきの」と表すときはaをつけるよ。umbrellaのように最初の文字を「ア・イ・ウ・エ・オ」と発音するときには、anをつけるよ。gloves(手ぶくろ)は2つで1組なので、後ろにsがつくんだよ。

これを知ったらワンダフル！
sweater の ea は、「エ」と短く読もう。先生(teacher)のeaは、「イー」と長く読むので、気をつけよう！

ぴったり2

練習

学習日　　月　　日

ぴったりクイズ

答えはこのページの下にあるよ！

うで時計はwatchだけど、置き時計やかけ時計など、身につけたり持ち運びをしたりしない時計をなんと言うかな？

教科書　26～27ページ

かきトリ　英語をなぞり、声に出してみましょう。

できたらチェック！　書く　話す

□かばん　a bag

□本　books

□ぼうし　a cap

□うで時計　a watch

□コンピューターゲーム　a computer game

□サッカーボール　a soccer ball

□かさ　an umbrella

□セーター　a sweater

□イヌ　a dog

□あなたは誕生日に何がほしいですか。

What do you want for your birthday?

□わたしは手ぶくろがほしいです。

I want gloves.

▶読み方が分からないときは、左ページにもどって音声を聞いてみましょう。

やりトリ　きみならどう答える？　英語を書いて、声に出してみよう。

できたらチェック！　書く　話す

What do you want for your birthday?

I want ＿＿＿＿＿＿＿＿.

つたえるコツ

左ページのワンポイントをよく読んで、ほしいものにaとanのどちらがつくかなどに注意しよう。

▶あてはめる英語は、左のページや付録の小冊子、教科書や辞書などから探してみよう！

答える練習ができたら、次は誰かに質問してみよう！

ぴったりクイズの答え　置き時計やかけ時計は英語でclock［クラ(ー)ック］だよ。

ぴったり1 準備

Unit 2 My birthday is May 25th. ③

学習日　　月　　日

めあて
ほしいものについてのやりとりができるようになろう。

教科書　26～29ページ

ほしいものの伝え方、ものを手わたすときの伝え方

ききトリ 音声を聞き、声に出してみましょう。　トラック35～36

I《アイ》 want《ワ(ー)ント》 gloves《グラヴス》.
わたしは手ぶくろがほしいです。

Thank《サンク》 you《ユー》.
ありがとう。

Here《ヒア》 you《ユー》 are《アー》.
さあどうぞ。

せつめい **つたえる** 前のページで習ったように、ほしいものを伝えるときは〈I want ～(ほしいものの名前).〉「わたしは～がほしいです。」と言います。人にものを手わたすときに使うのは、Here you are.（さあどうぞ。）という表現です。それに対してThank you.「ありがとう。」とお礼を言いましょう。

ききトリ 音声を聞き、英語の言葉を言いかえて、文を読んでみましょう。　トラック37～38

I want **gloves** .

いいかえよう ほしいものを表す英語

□a notebook（ノート）	□a cat（ネコ）	□an apron（エプロン）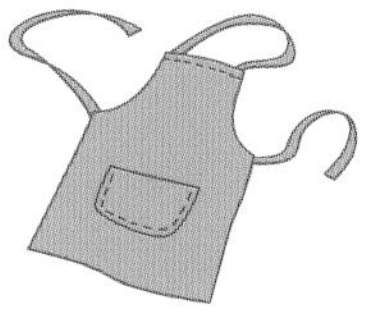
□socks（くつ下）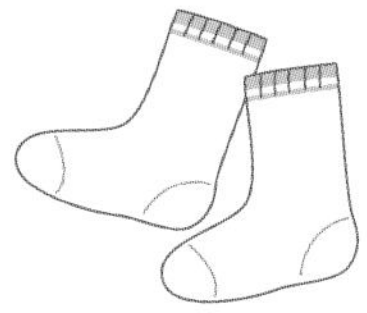	□a smartphone（スマートフォン）	□a new cup（新しいカップ）
□a T-shirt（Tシャツ）	□a bicycle（自転車）	□a pen（ペン）

ワンポイント
手ぶくろ(gloves)と同じように、くつ下(socks)も2つで1足と数えるので、「1つの」という意味のaやanをつけずに、sockの後ろにsがつくんだよ。

これを知ったらワンダフル!
Here you are.はものを手わたすときの表現で、Here you go. という表現もあるよ。こちらも同じく「はいどうぞ。」「こちらです。」という意味を表すけど、Here you are. の方がていねいな言い方なんだよ。

ぴったり2

練習

学習日　月　日

ぴったりクイズ　答えはこのページの下にあるよ！

手ぶくろは指の部分が５つに分かれているものをglovesと言うけど、親指だけが分かれている手ぶくろはなんと言うかな？

教科書　26〜29ページ

かきトリ　英語をなぞり、声に出してみましょう。

できたらチェック！　書く　話す

□エプロン　an apron

□くつ下　socks

□ノート　a notebook

□ネコ　a cat

□スマートフォン　a smartphone

□新しいカップ　a new cup

□自転車　a bicycle

□ペン　a pen

□Ｔシャツ　a T-shirt

□わたしは手ぶくろがほしいです。　I want gloves.

□さあどうぞ。　Here you are.

□ありがとう。　Thank you.

▶読み方が分からないときは、左ページにもどって音声を聞いてみましょう。

やりトリ　きみならどう答える？　英語を書いて、声に出してみましょう。

できたらチェック！　書く　話す

I want ＿＿＿＿＿＿＿＿.

Thank you.

Here you are.

つたえるコツ

相手からものをもらったときは、心をこめてお礼を言うことが大事だよね。英語でもありがとうと言えるように練習しよう。

▶あてはめる英語は、左のページや付録の小冊子、教科書や辞書などから探してみよう！

練習ができたら、次は誰かに伝えてみよう！

ぴったりクイズの答え　mitten［ミトゥン］またはmitt［ミット］と言うよ。日本でもミトンと言うよ。身近なところでは、なべつかみや野球のミットとして使われているよ。

確かめのテスト

Unit 2 My birthday is May 25th. ①～③

時間 30 分

/100

合格 80 点

教科書 24～29 ページ　答え 4 ページ

1 音声の内容に合う絵を、下の㋐～㋒から選び、(　　)に記号を書きましょう。

トラック39

技能　1問5点(10点)

㋐

㋑

㋒

(1) (　　　　)　(2) (　　　　)

2 音声を聞いて、内容に合う絵を線で結びましょう。

トラック40

1問完答15点(45点)

(1)

Yuki

(2)

Mr. Smith

(3)

Kevin

1/23
3/23
10/20
12/12

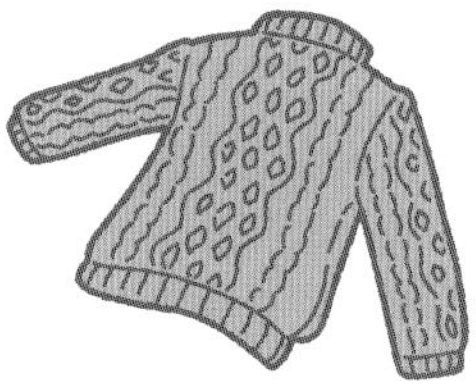

ふりかえり　❷が分からないときは、22, 24, 26ページにもどって確認《かくにん》してみよう。

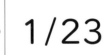

3 日本文に合う英語の文になるように、［　　］の中から語を選び、［　　］に書き、文全体をなぞりましょう。２回使う語もあります。文の最初の文字は大文字で書きましょう。

1つ5点(25点)

(1) あなたの誕生《たんじょう》日《び》はいつですか。

［　　　　］ your birthday?

(2) わたしの誕生日は8月1日です。

My ［　　　　］ is ［　　　　］ 1st.

(3) わたしの誕生日は７月13日です。

My ［　　　　］ is ［　　　　］ 13th.

birthday　　when's　　August　　July

4 絵の中の男の子になったつもりで、質問に答えましょう。［　　］の中から語句を選び、［　　］に書き、文全体をなぞりましょう。

思考・判断・表現　1問10点(20点)

When's your birthday?

(1) My birthday is ［　　　　］.

What do you want for your birthday?

(2) I want ［　　　　］.

March 5th　　a new cap

April 5th　　a new cup

ぴったり1 準備

3分でまとめ

Unit 3 I get up at 7:00. ①

学習日　月　日

めあて
生活の中で、何時に何をするかたずねることができるようになろう。

教科書 34〜35ページ

何時に何をするかのたずね方

ききトリ 音声を聞き、声に出してみましょう。　トラック41〜42

What《(フ)ワット》 time《タイム》 do《ドゥー》 you《ユー》 get《ゲット》 up《アップ》?
あなたは何時に起きますか。

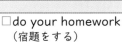

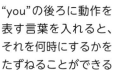

せつめい　たずねる　What time do you ～?で、「あなたは何時に～しますか。」とたずねることができます。 ここの「～」には、**get up**(起きる)などの動作を表すことばが入ります。

ききトリ 音声を聞き、英語の言葉を言いかえて、文を読んでみましょう。　トラック43〜44

What time do you get up ?

いいかえよう　動作を表す英語

□wash your face (顔を洗う) 	□go to school (学校へ行く) 	□eat breakfast (朝食を食べる) 
□get home (家に帰る) 	□do your homework (宿題をする) 	□go to bed (寝《ね》る) 
□brush your teeth (歯をみがく) 	□take a bath (風呂《ふろ》に入る) 	□eat dinner (夕食を食べる) 

ワンポイント
"you"の後ろに動作を表す言葉を入れると、それを何時にするかをたずねることができるよ。

これを知ったらワンダフル!
wash your face、do your homework、brush your teethは、たずねるときの表現だよ。答えたり伝えたりするときは、それぞれwash my face、do my homework、brush my teethのように表すよ。

▶小冊子のp.24〜25で、もっと言葉や表現を学ぼう!

学習日 月 日

? ぴったりクイズ 答えはこのページの下にあるよ！

「風呂に入る」は“take a bath”だけど、「シャワーを浴びる」は英語でなんて言うか分かるかな？

教科書 34～35ページ

かきトリ 英語をなぞり、声に出してみましょう。

できたらチェック！ 書く 話す

□起きる
get up

□寝る
go to bed

□家に帰る
get home

□朝食を食べる
eat breakfast

□学校へ行く
go to school

□宿題をする
do your homework

□風呂に入る
take a bath

□夕食を食べる
eat dinner

□顔を洗う
wash your face

□歯をみがく
brush your teeth

□あなたは何時に起きますか。
What time do you get up?

▶読み方が分からないときは、左ページにもどって音声を聞いてみましょう。

やりトリ 何時に何をするかの質問を書いて、声に出してみましょう。

できたらチェック！ 書く 話す

What time do you ______________________ ?

▶あてはめる英語は、左のページや付録の小冊子、教科書や辞書などから探してみよう！

つたえるコツ
What timeで始まる文のときは、「?」の前の部分を下げ調子で言うよ。

練習ができたら、次は誰かに質問してみよう！

ぴったりクイズの答え
「シャワーを浴びる」はtake a showerと言うよ。海外では湯船につからず、シャワーだけで体を洗う国もあるよ。

ぴったり1 準備

Unit 3
I get up at 7:00. ②

学習日　　月　　日

めあて
何時に何をするかのやりとりができるようになろう。

教科書　34～35ページ

何時に何をするかのたずね方 / 答え方

ききトリ　音声を聞き、声に出してみましょう。　トラック45～46

What《(フ)ワット》 time《タイム》 do《ドゥー》 you《ユー》 get《ゲット》 up《アップ》?
あなたは何時に起きますか。

I《アイ》 get《ゲット》 up《アップ》 at《アト》 7:00《セヴン》.
わたしは７時に起きます。

せつめい
たずねる　What time do you ～?で、「あなたは何時に～しますか。」とたずねることができます。　ここの「～」には、**get up**(起きる)などの動作を表す言葉が入ります。
こたえる　〈I ～＋at＋時こく.〉で、「わたしは○時(△分)に～します。」と表します。ここでは「起きる」時間を答えるので、「～」には**get up**が入ります。

ききトリ　音声を聞き、英語の言葉を言いかえて、文を読んでみましょう。　トラック47～48

What time do you get up?

I get up at 7:00.

いいかえよう　動作を表す英語

□wash my face
（顔を洗う）

□go to school
（学校へ行く）

□eat breakfast
（朝食を食べる）

□get home
（家に帰る）

□do my homework
（宿題をする）

□go to bed
（寝《ね》る）

□brush my teeth
（歯をみがく）

□take a bath
（風呂《ふろ》に入る）

□eat dinner
（夕食を食べる）

ワンポイント
7:00は７時を表し、[**セ**ヴン]と読むよ。7:15は７時15分を表すよ。[**セ**ヴン フィフ**ティ**ーン]と読むよ。数字の読み方については、P.7を見てみよう。

これを知ったらワンダフル！
wash my face、do my homework、brush my teethは、答えたり伝えたりするときの表し方だよ。たずねるときは、それぞれwash your face、do your homework、brush your teethのように表すよ。

小冊子のp.24～25で、もっと言葉や表現を学ぼう！

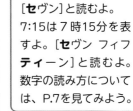

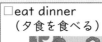

学習日　　月　　日

?ぴったりクイズ 答えはこのページの下にあるよ！

時こくを表すときに数字と数字の間に入れる「：」は英語でなんと言うかな？

教科書 34～35ページ

かきトリ 英語をなぞり、声に出してみましょう。

できたらチェック！ 書く □ 話す □

□わたしは7時10分に顔を洗います。

I wash my face at 7:10.

□わたしは7時15分に歯をみがきます。

I brush my teeth at 7:15.

□わたしは5時30分に宿題をします。

I do my homework at 5:30.

□わたしは9時に寝ます。

I go to bed at 9:00.

□あなたは何時に起きますか。

What time do you get up?

□わたしは７時に起きます。

I get up at 7:00.

▶読み方が分からないときは、左ページにもどって音声を聞いてみましょう。

やりトリ 自分が起きる時間を書いて、声に出してみましょう。

できたらチェック！ 書く □ 話す □

What time do you get up?

I get up at ____ : ____ .

つたえるコツ

ここでは起きる「時間」をたずねられているので、時間の部分を強く言おう。

▶あてはめる英語は、左のページや付録の小冊子、教科書や辞書などから探してみよう！

答える練習ができたら、次は誰かに質問してみよう！

ぴったりクイズの答え
「：」は「コロン」と言うよ。ちなみに「；」という記号は「セミコロン」と言うよ。

ぴったり3

確かめのテスト

Unit 3 I get up at 7:00. ①～②

時間 30分

／100

合格 80点

教科書 34～35ページ　答え 5ページ

1 音声の内容に合う絵を、下の㋐～㋒から選び、(　　)に記号を書きましょう。

トラック49

技能　1問10点(20点)

㋐

㋑

㋒

(1) (　　　　)　(2) (　　　　)

2 音声を聞いて、内容に合う絵を線で結びましょう。

トラック50

1問10点(30点)

(1)

Hana

(2)

Jimmy

(3)

Emi

ふりかえり　❷が分からないときは、30, 32ページにもどって確認《かくにん》してみよう。

3 日本文に合う英語の文になるように、□の中から語を選び、□に書き、文全体をなぞりましょう。２回使う語もあります。

1つ5点(30点)

(1) あなたは何時に宿題をしますか。

What ＿＿＿ do you do ＿＿＿ homework?

(2) わたしは５時半に宿題をします。

I do ＿＿＿ homework ＿＿＿ 5:30.

(3) わたしは８時に寝《ね》ます。

I go to ＿＿＿ ＿＿＿ 8:00.

bed　go　time　your　at　my

4 日本文に合う英語の文になるように、□の中から語句を選び、□に書き、文全体をなぞりましょう。２回使う語句もあります。文の最初は大文字で書きましょう。

思考・判断・表現　各文完答で10点(20点)

(1) あなたは何時に家に帰りますか。

＿＿＿ do you ＿＿＿?

(2) わたしは4時半に家に帰ります。

I ＿＿＿ at 4:30.

get home　what time

ぴったり1 準備

3分でまとめ

Unit 3 I get up at 7:00. ③

学習日　　月　　日

めあて
家でどんな仕事をどのくらいするかのやりとりができるようになろう。

教科書　36〜37ページ

どんな仕事をどの程度《ていど》するかのたずね方 / 答え方

ききトリ　音声を聞き、声に出してみましょう。　トラック51〜52

Do《ドゥー》 you《ユー》 help《ヘルプ》 at《アト》 home《ホウム》?
あなたは家で手伝いをしますか。

Yes《イエス》, I《アイ》 do《ドゥー》. はい、(わたしは)します。
I《アイ》 always《オールウェイズ》 walk《ウォーク》 the《ザ》 dog《ド(ー)グ》.
わたしはいつも犬を散歩に連れていきます。

せつめい

たずねる　Do you 〜 at home?で、「あなたは家で〜しますか。」とたずねることができます。ここの「〜」には、help(手伝う)などの動作を表す言葉が入ります。

こたえる　「はい。」はYes, I do. で、「いいえ。」はNo, I don't. で答えます。家の仕事をどのくらいするかを伝えるときは、〈I+程度を表す言葉+動作を表す言葉.〉で表します。

ききトリ　音声を聞き、英語の言葉を言いかえて、文を読んでみましょう。　トラック53〜54

「はい、します。わたしはいつも…します。」と答えるとき

Yes, I do.　I always walk the dog.

「はい、します。わたしはたいてい…します。」と答えるとき

Yes, I do.　I usually walk the dog.

「はい、します。わたしはときどき…します。」と答えるとき

Yes, I do.　I sometimes walk the dog.

「いいえ、しません。わたしはまったく…しません。」と答えるとき

No, I don't.　I never walk the dog.

ワンポイント
「いつも」は3回に3回、「たいてい」は3回に2回くらい、「ときどき」は3回に1回くらいの程度を表すよ。

これを知ったらワンダフル!
never〜は「まったく〜しない」という意味で、3回のうち0回の程度を表す英語だよ。

小冊子のp.24〜25で、もっと言葉や表現を学ぼう！

ぴったり2

練習

学習日　　月　　日

?ぴったりクイズ 答えはこのページの下にあるよ！

sometimesは「ときどき」という意味の語だけど、後ろのsのないsometimeという語があるんだ。どんな意味だと思う？

教科書　36～37ページ

かきトリ　英語をなぞり、声に出してみましょう。

できたらチェック！　書く □　話す □

□いつも

always

□たいてい

usually

□ときどき

sometimes

□まったくしない

never

ヒント

usually はlが2回続くことに注意しよう。

□あなたは家で手伝いをしますか。

Do you help at home?

□はい、します。わたしはいつも犬を散歩に連れていきます。

Yes, I do. I always walk the dog.

□いいえ、しません。わたしはまったく犬を散歩に連れていきません。

No, I don't. I never walk the dog.

▶読み方が分からないときは、左ページにもどって音声を聞いてみましょう。

やりトリ　どの程度犬の散歩に行くか書いて、声に出してみましょう。

できたらチェック！　書く □　話す □

Do you help at home?

Yes, I do. / No, I don't.

I ＿＿＿＿＿＿ walk the dog.

つたえるコツ

Yesだけ、Noだけでも伝わるけど、ていねいな言葉づかいで話すために、I　do、I don'tの部分までしっかり言うようにしよう。

▶あてはめる英語は、左のページや付録の小冊子、教科書や辞書などから探してみよう！

答える練習ができたら、次は誰かに質問してみよう！

ぴったりクイズの答え　sometimeは「いつか、そのうち」という意味だよ。またsome timeという２語だと「少しの間」という意味になるんだよ。

Unit 3
I get up at 7:00. ④

学習日 月 日

めあて

1日の過ごし方を伝えられるようになろう。

教科書 38～39ページ

1日の過ごし方の伝え方

ききトリ 音声を聞き、声に出してみましょう。 トラック55～56

After《アフタ》 school《スクール》 I《アイ》 usually《ユージュ(ア)リィ》 do《ドゥー》 my《マイ》 homework《ホウムワーク》.

わたしはたいてい放課後に宿題をします。

Then《ゼン》 I《アイ》 play《プレイ》 basketball《バスケットボール》.

それからわたしはバスケットボールをします。

せつめい つたえる 自分の日課を伝えるときの表現です。ここでは最初にafter school(放課後)という表現から始め、I＋程度を表す言葉＋動作を表す言葉が続きます。２つ目の文はthen(それから)という表現から始まり、次にすることが続いています。

ききトリ 音声を聞き、英語の言葉を言いかえて、文を読んでみましょう。 トラック57～58

After school I usually do my homework.

Then I play basketball .

いいかえよう 動作を表す英語

□watch TV
(テレビを見る)

□eat lunch
(昼食を食べる)

□feed the dog
(犬にえさをやる)

□play a computer game
(コンピューターゲームをする)

□play with my friend(s)
(友だちと遊ぶ)

□clean my room
(部屋をそうじする)

□play the piano
(ピアノをひく)

□read comic books
(まんがを読む)

ワンポイント

eatの後ろにはdinner「夕食」、snacks「おやつ」、sweets「あまい物」なども入れられるよ。

これを知ったらワンダフル！

playには「(スポーツやゲーム)をする」や「遊ぶ」という意味があるけど、このほかに「(楽器)を演奏《えんそう》する」という意味もあるよ。play the piano(ピアノをひく)のように、playの後ろに〈the＋楽器名〉が入るよ。

小冊子のp.24～25で、もっと言葉や表現を学ぼう！

ぴったり2
練習

学習日　　月　　日

?ぴったりクイズ　答えはこのページの下にあるよ！

TVは何を略《りゃく》した言葉か分かるかな？

教科書　38～39ページ

かきトリ　英語をなぞり、声に出してみましょう。

できたらチェック！　書く　話す

□友だちと遊ぶ
play with my friends

□昼食を食べる
eat lunch

□コンピューターゲームをする
play a computer game

□テレビを見る
watch TV

□部屋をそうじする
clean my room

□まんがを読む
read comic books

□ピアノをひく
play the piano

□わたしはたいてい放課後に宿題をします。
After school I usually do my homework.

□それからわたしはバスケットボールをします。
Then I play basketball.

▶読み方が分からないときは、左ページにもどって音声を聞いてみましょう。

やりトリ　自分の1日の過ごし方を書いて、声に出してみましょう。

できたらチェック！　書く　話す

After school I ＿＿＿＿＿＿＿＿.

Then I ＿＿＿＿＿＿＿＿.

つたえるコツ

Thenでひと呼《こ》吸《きゅう》して、ゆっくり伝えるようにしよう。

▶あてはめる英語は、左のページや付録の小冊子、教科書や辞書などから探してみよう！

練習ができたら、次は誰かに伝えてみよう！

ぴったりクイズの答え　TVはtelevision(テレヴィジョン)の略だよ。

ぴったり3

確かめのテスト

Unit 3 I get up at 7:00. ③～④

時間 30 分

／100

合格 80 点

教科書 36～39ページ　答え 6ページ

1 音声の内容に合う絵を、下の㋐～㋒から選び、(　　)に記号を書きましょう。

トラック59

技能　1問10点(20点)

㋐

㋑

㋒

(1) (　　　　)　(2) (　　　　)

2 音声を聞いて、内容に合う絵を線で結びましょう。

トラック60

1問10点(30点)

(1)

Emma

(2)

Keiko

(3)

Ken

ふりかえり　❷が分からないときは、36, 38ページにもどって確認《かくにん》してみよう。

3 日本文に合う英語の文になるように、[ ]の中から語を選び、[ ]に書き、文全体をなぞりましょう。文の最初の文字は大文字で書きましょう。

1つ5点(30点)

(1) わたしは放課後に犬を散歩に連れていきます。

[　　　] school I [　　　] the dog.

(2) それからわたしは宿題をします。

[　　　] I [　　　] my homework.

(3) わたしはいつも自分の部屋をそうじします。

I [　　　] [　　　] my room.

clean　always　walk　then　after　do

4 日本文に合う英語の文になるように、[ ]の中から語句を選び、[ ]に書き、文全体をなぞりましょう。文の最初は大文字で書きましょう。

思考・判断・表現　1問10点(20点)

あなたは家で手伝いをしますか。

(1) Do you [　　　]?

いいえ、しません。

(2) [　　　].

yes, I do　no, I don't

help at home　set the table

この本の終わりにある「夏のチャレンジテスト」をやってみよう!

ぴったり1 準備

3分でまとめ

Unit 4
She can sing well. ①

学習日　月　日

めあて
できることについてのやりとりができるようになろう。

教科書　48～49ページ

できることのたずね方／答え方

ききトリ 音声を聞き、声に出してみましょう。　トラック61～62

Can《キャン》 you《ユー》 run《ラン》 fast《ファスト》?
あなたは速く走ることができますか。

Yes,《イェス》 I《アイ》 can.《キャン》 / No,《ノウ》 I《アイ》 can't.《キャント》
はい、できます。/ いいえ、できません。

せつめい

たずねる　相手が何かについてできるかどうかを聞くときは、Can you ～?で「あなたは～をすることができますか。」と表します。「～」には動作を表す言葉が入ります。

こたえる　答えるときは、Yes, I can.（はい、できます。）、No, I can't.（いいえ、できません。）のどちらかで表します。

ききトリ 音声を聞き、英語の言葉を言いかえて、文を読んでみましょう。　トラック63～64

Can you **run fast** ?

いいかえよう　動作を表す英語

□ride a unicycle
（一輪車に乗る）

□ride a bicycle
（自転車に乗る）

□play the guitar
（ギターをひく）

□speak English
（英語を話す）

□sing well
（上手に歌う）

□swim
（泳ぐ）

□cook
（料理する）

□read English books
（英語の本を読む）

Yes, I can. / No, I can't.

これを知ったらワンダフル！
sing wellのwellは「上手に」という意味で、swim well（上手に泳ぐ）、speak English well（上手に英語を話す）など、ほかの言葉でも使うことができるよ。

ワンポイント
YesやNoの後ろには、コンマ（ , ）が入るよ。日本語の読点（、）のようなはたらきをするよ。

小冊子のp.24～25で、もっと言葉や表現を学ぼう！

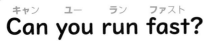

ぴったり2

練習

？ぴったりクイズ 答えはこのページの下にあるよ！

unicycleは一輪車、自転車はbicycleで、uniは「1つ」、biは「2つ」、cycleは「輪」を表しているよ。それじゃ三輪車は英語で何と言うか分かるかな。

教科書　48～49ページ

かきトリ 英語をなぞり、声に出してみましょう。

できたらチェック！　書く　話す

□泳ぐ
swim

□料理する
cook

□上手に歌う
sing well

□ギターをひく
play the guitar

□英語を話す
speak English

□一輪車に乗る
ride a unicycle

□自転車に乗る
ride a bicycle

□英語の本を読む
read English books

□あなたは速く走ることができますか。
Can you run fast?

□はい、できます。
Yes, I can.

□いいえ、できません。
No, I can't.

▶読み方が分からないときは、左ページにもどって音声を聞いてみましょう。

やりトリ 自分の答えを書いて、声に出してみましょう。

できたらチェック！　書く　話す

Can you run fast?

＿＿＿＿＿＿＿＿＿＿.

つたえるコツ

YesとNoの後ろにそれぞれある、can、can'tの発音に注意しよう。

▶あてはめる英語は、左のページや付録の小冊子、教科書や辞書などから探してみよう！

答える練習ができたら、次は誰かに質問してみよう！

ぴったりクイズの答え 三輪車は英語でtricycle［トゥ**ラ**イスィクル］と言うよ。triは「3つ」を表すので、「3つの輪」で三輪車となるよ。

Unit 4
She can sing well. ②

学習日　月　日

めあて
できることやできないことを、ほかの人に伝えられるようになろう。

教科書　48〜49ページ

できること・できないことの伝え方

ききトリ 音声を聞き、声に出してみましょう。　トラック65〜66

I《アイ》 can《キャン》 run《ラン》 fast《ファスト》. I《アイ》 can't《キャント》 play《プレイ》 the《ザ》 guitar《ギター》.
わたしは速く走ることができます。わたしはギターをひくことができません。

せつめい **つたえる** 自分のできることを伝えたいときにはI can ～.（わたしは～することができます。）で表します。できないことを伝えるときはI can't ～.（わたしは～することができません。）とします。「～」には動作を表す言葉が入ります。

ききトリ 音声を聞き、英語の言葉を言いかえて、文を読んでみましょう。　トラック67〜68

I can **run fast**. I can't play the guitar.

いいかえよう 動作を表す英語

□ski
（スキーをする）

□skate
（スケートをする）

□play the recorder
（リコーダーをふく）

□play volleyball
（バレーボールをする）

□play *shogi*
（将棋《しょうぎ》をする）

□play the piano
（ピアノをひく）

□play baseball
（野球をする）

□play rugby
（ラグビーをする）

□play dodgeball
（ドッジボールをする）

ワンポイント
canでもcan'tでも後ろに続く動作を表す語は同じ形だよ。

これを知ったらワンダフル！
*shogi*は文字がななめになっているね。これをイタリック（体《たい》）と言うんだよ。将棋は日本語で、英語に訳せないものなので、そのような形で表しているよ。読み方は日本語と同じだよ。

小冊子のp.24〜25で、もっと言葉や表現を学ぼう！

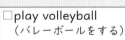

学習日　　月　　日

?ぴったりクイズ 答えはこのページの下にあるよ！

recorderには、楽器の「リコーダー」とは別の意味もあるよ。それは何か分かるかな。

教科書 48～49 ページ

かきトリ 英語をなぞり、声に出してみましょう。

できたらチェック！ 書く □ 話す □

□スキーをする
ski

□リコーダーをふく
play the recorder

□ピアノをひく
play the piano

□スケートをする
skate

□バレーボールをする
play volleyball

□将棋をする
play shogi

□野球をする
play baseball

ヒント
shogi を読むときはななめ(イタリック体)だったけど、書くときはまっすぐ練習してみよう。

□わたしは速く走ることができます。
I can run fast.

□わたしはギターをひくことができません。
I can't play the guitar.

▶読み方が分からないときは、左ページにもどって音声を聞いてみましょう。

やりトリ 自分にできることとできないことを書いて、声に出してみましょう。

できたらチェック！ 書く □ 話す □

I can ＿＿＿＿＿＿＿＿.

I can't ＿＿＿＿＿＿＿＿.

▶あてはめる英語は、左のページや付録の小冊子、教科書や辞書などから探してみよう！

つたえるコツ
左のページだけでなく、42ページにある英語も参考にして、いろいろなことを言ってみよう。とにかくなれることが大事だよ。

練習ができたら、次は誰かに伝えてみよう！

ぴったりクイズの答え recorderは、楽器の「リコーダー」とは別に、録音するための装置《そうち》や機械、記録計などを表す「レコーダー」という意味もあるよ。

ぴったり3

確かめのテスト

Unit 4
She can sing well. ①～②

時間 30 分

／100

合格 80 点

教科書 48～49 ページ　答え 7 ページ

1 音声の内容に合う絵を、下の㋐～㋒から選び、(　　)に記号を書きましょう。

トラック69

技能　1問5点(10点)

㋐

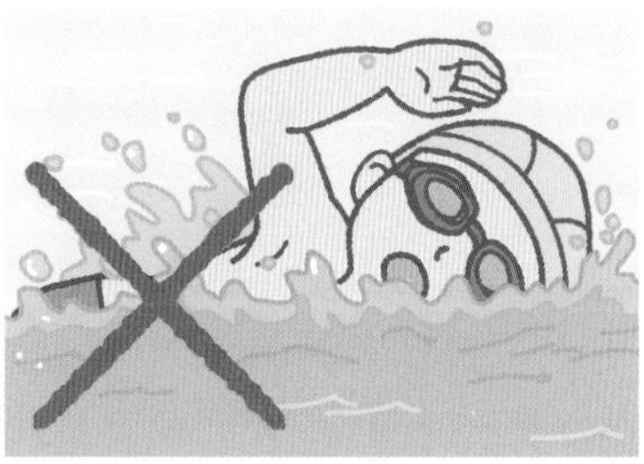

㋑

㋒

(1) (　　　　　)　(2) (　　　　　)

2 音声を聞いて、①に「何が」②に「できるか」「できないか」を、①は［　　］から選んで(　　)に記号を書き、②は「できる・できない」のどちらかに○を付けましょう。

トラック70

1問完答15点(45点)

(1)

Ken

① (　　　　　)

② (できる・できない)

(2)

Tom

① (　　　　　)

② (できる・できない)

(3)

Kevin

① (　　　　　)

② (できる・できない)

①

ア

イ

ウ

ふりかえり　**2**が分からないときは、42, 44ページにもどって確認《かくにん》してみよう。

3 日本文に合う英語の文になるように、[　　]の中から語を選び、[　　]に書き、文全体をなぞりましょう。２回使う語もあります。文の最初は大文字で書きましょう。

1つ5点(25点)

(1) わたしは英語を上手に話すことができます。

I ＿＿＿＿ ＿＿＿＿ English well.

(2) あなたはギターをひくことができますか。

＿＿＿＿ you ＿＿＿＿ the guitar?

(3) いいえ、できません。

＿＿＿＿, I can't.

can　can't　yes　no　play　speak

4 絵の内容に合うように、[　　]の中から語句を選び、[　　]に書き、文全体をなぞりましょう。

思考・判断・表現　1問10点(20点)

(1) I ＿＿＿＿ ＿＿＿＿.

(2) I ＿＿＿＿ ＿＿＿＿.

can　ski well
can't　cook well

3分でまとめ

Unit 4
She can sing well. ③

学習日　　月　　日

めあて
友だちのできることを、ほかの人に伝えられるようになろう。

教科書 50〜51 ページ

友だち（女の子）のできることとできないことの伝え方

ききトリ 音声を聞き、声に出してみましょう。　トラック71〜72

This《ズィス》 is《イズ》 Aya《アヤ》. She《シー》 can't《キャント》 play《プレイ》 the《ザ》 guitar《ギター》.
この人はアヤです。　彼女《かのじょ》はギターをひくことができません。

She《シー》 can《キャン》 sing《スィング》 well《ウェル》.
彼女は上手に歌うことができます。

せつめい　つたえる　人をしょうかいするときは、This is 〜. で、「この人は〜です。」と表します。女の子はShe（彼女は）で次の文を始めます。彼女のできないことはShe can't 〜.（彼女は〜することができません。）、彼女のできることはShe can 〜.（彼女は〜することができます。）で表します。ここでの「〜」には、動作を表す言葉が入ります。

ききトリ 音声を聞き、英語の言葉を言いかえて、文を読んでみましょう。　トラック73〜74

This is Aya. She can't **play the guitar**. She can sing well.

いいかえよう　動作を表す英語

□dance
（おどる）

□play basketball
（バスケットボールをする）

□play table tennis
（卓球《たっきゅう》をする）

□swim fast
（速く泳ぐ）

□draw a picture
（絵をかく）

□play the violin
（バイオリンをひく）

ワンポイント
「〜できます」「〜できません」はIから始まっても、Sheから始まっても、canの後ろは動作を表す英語になるよ。

これを知ったら ワンダフル！
playという英語は後ろにスポーツやゲームがくると、「〜をする」と表し、後ろに楽器がくるとplay the 〜（楽器名）で、「〜をひく、〜をふく」という意味になるよ。

小冊子のp.24〜25で、もっと言葉や表現を学ぼう！

ぴったり 2

練習

学習日　　月　　日

?ぴったりクイズ 答えはこのページの下にあるよ！

basketballのbasketは「かご」の意味があるけど、このスポーツができたとき、あるくだもののかごを使っていたんだって。そのくだものは何かな。

教科書 50～51 ページ

かきトリ 英語をなぞり、声に出してみましょう。

できたらチェック！ 書く 話す

□絵をかく
draw a picture

□バイオリンをひく
play the violin

□バスケットボールをする
play basketball

□速く泳ぐ
swim fast

□卓球をする
play table tennis

□おどる
dance

□この人はアヤです。
This is Aya.

□彼女はギターをひくことができません。
She can't play the guitar.

□彼女は上手に歌うことができます。
She can sing well.

▶読み方が分からないときは、左ページにもどって音声を聞いてみましょう。

やりトリ 友だち（女の子）のしょうかい文を書いて、声に出してみましょう。

できたらチェック！ 書く 話す

This is ＿＿＿＿＿＿.

She can't ＿＿＿＿＿＿.

She can ＿＿＿＿＿＿.

つたえるコツ

最初にしょうかいしたい女の子の名前を伝えて、次にできないこと、その次にできることを伝えよう。左のページのほかに、p.42、44の表現も参考にしてみよう。

▶あてはめる英語は、左のページや付録の小冊子、教科書や辞書などから探してみよう！

練習ができたら、次は誰かに伝えてみよう！

ぴったりクイズの答え

「モモ」のかごだよ。ゴールに使えるものとして、収穫《しゅうかく》したモモを入れるためのかごを使ったことからバスケットボールが始まったそうだよ。

ぴったり1 準備

Unit 4
She can sing well. ④

学習日　　月　　日

めあて
友だちのできることを、ほかの人に伝えられるようになろう。

教科書　50〜51ページ

友だち(男の子)のできることとできないことの伝え方

ききトリ　音声を聞き、声に出してみましょう。　トラック75〜76

This《ズィス》 is《イズ》 Taiga《タイガ》.　He《ヒー》 can't《キャント》 run《ラン》 fast《ファスト》.
この人はタイガです。　彼《かれ》は速く走ることができません。
He《ヒー》 can《キャン》 swim《スウィム》 fast《ファスト》.
彼は速く泳ぐことができます。

せつめい　つたえる　人をしょうかいするときは、This is ～. で、「この人は～です。」と表します。男の子はHe(彼は)で次の文を始めます。彼のできないことはHe can't ～.(彼は～することができません。)、彼のできることはHe can ～.(彼は～することができます。)で表します。ここでの「～」には、動作を表す言葉が入ります。

ききトリ　音声を聞き、英語の言葉を言いかえて、文を読んでみましょう。　トラック77〜78

This is Taiga.　He can't **run fast**.　He can swim fast.

いいかえよう　動作を表す英語

□play ice hockey
(アイスホッケーをする)

□play soccer
(サッカーをする)

□surf
(サーフィンをする)

□play tennis
(テニスをする)

□jump high
(高くとび上がる)

□play the drums
(ドラムを演奏《えんそう》する)

□play badminton
(バドミントンをする)

□ride a horse
(馬に乗る)

ワンポイント
「～できます」「～できません」はIから始まっても、Sheから始まっても、Heから始まってもcanの後ろは動作を表す英語になるよ。

これを知ったらワンダフル!
surfは「サーフィンをする」という、動作を表す言葉だよ。skiやskateも、同じく動作を表す英語として習ったね。
「サーフィン、波乗り」を表す英語は、surfingと書くよ。

小冊子のp.24〜25で、もっと言葉や表現を学ぼう!

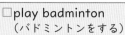

ぴったり 2

練習

学習日　　月　　日

ぴったりクイズ 答えはこのページの下にあるよ！

play the drumsはいくつかのたいこを演奏することを表すけど、たいこを１つだけ演奏するときは何て言えばいいか分かるかな。

教科書　50〜51 ページ

かきトリ　英語をなぞり、声に出してみましょう。

できたらチェック！　書く　話す

□サーフィンをする

surf

□ドラムを演奏する

play the drums

□バドミントンをする

play badminton

□テニスをする

play tennis

□高くとび上がる

jump high

□サッカーをする

play soccer

□この人はタイガです。

This is Taiga.

□彼は速く走ることができません。

He can't run fast.

□彼は速く泳ぐことができます。

He can swim fast.

▶読み方が分からないときは、左ページにもどって音声を聞いてみましょう。

やりトリ　友だち(男の子)のしょうかい文を書いて、声に出してみましょう。

できたらチェック！　書く　話す

This is ＿＿＿＿＿＿.

He can't ＿＿＿＿＿＿.

He can ＿＿＿＿＿＿.

つたえるコツ

最初にしょうかいしたい男の子の名前を伝えて、次にできないこと、できることを伝えよう。左のページのほかに、p.42、44、48の表現も参考にしてみよう。

▶あてはめる英語は、左のページや付録の小冊子、教科書や辞書などから探してみよう！

練習ができたら、次は誰かに伝えてみよう！

ぴったりクイズの答え

大だいこや小だいこなど、たいこを１つだけ演奏することを表すときは、drumsのsを取って、play the drumと表すといいよ。

ぴったり3

確かめのテスト

Unit 4 She can sing well. ③～④

時間 30 分

／100

合格 80 点

教科書 50～51 ページ　答え 8 ページ

1 音声の内容に合う絵を、下の㋐～㋒から選び、（　　）に記号を書きましょう。

トラック79

技能　1問5点（10点）

㋐

㋑

㋒

(1)（　　　　　）　(2)（　　　　　）

2 音声を聞いて、①に「何が」②に「できるか」「できないか」を、①は　　　から選んで（　　）に記号を書き、②は「できる・できない」のどちらかに○を付けましょう。

トラック80

1問完答15点（45点）

(1)

Momoka

①（　　　　　）

②（できる・できない）

(2)

Mr. Smith

①（　　　　　）

②（できる・できない）

(3)

Keiko

①（　　　　　）

②（できる・できない）

①

ア

イ

ウ

ふりかえり　**2**が分からないときは、48, 50ページにもどって確認《かくにん》してみよう。

3 日本文に合う英語の文になるように、［　　］の中から語を選び、［　　］に書き、文全体をなぞりましょう。2回使う語もあります。文の最初は大文字で書きましょう。

1つ5点(25点)

(1) この人はトムです。

＿＿＿＿ is Tom.

(2) 彼は上手にテニスをすることができます。

＿＿＿＿ ＿＿＿＿ play tennis well.

(3) 彼は速く泳ぐことができません。

＿＿＿＿ ＿＿＿＿ swim fast.

can　can't　this　she　he

4 絵の内容に合うように、女の人をしょうかいしましょう。［　　］の中から正しい語句を選び、［　　］に書き、文全体をなぞりましょう。文の最初は大文字で書きましょう。

思考・判断・表現　1問10点(20点)

(1) ＿＿＿＿ Ms. Green.

(2) ＿＿＿＿＿＿＿＿ well.

it is　he can sing
this is　she can sing

3分でまとめ

Unit 5
This is my sister. ①

学習日 月 日

めあて
自分の好きな人物をしょうかいできるようになろう。

教科書 58～59 ページ

だれかのたずね方、その人と自分との関係の答え方

ききトリ 音声を聞き、声に出してみましょう。 トラック81～82

せつめい

たずねる 人についてたずねるときは、**Who's this?**（この人はだれですか。）と言います。

こたえる 答えの文である**This is my～.**は、「この人はわたしの～です。」となります。**my**は「わたしの」という意味を表します。

ききトリ 音声を聞き、英語の言葉を言いかえて、文を読んでみましょう。 トラック83～84

Who's this?

This is my **mother**.

いいかえよう 人・関係を表す英語

□father（父）

□sister（女のきょうだい）

□brother（男のきょうだい）

□grandmother（祖母《そぼ》）

□grandfather（祖父《そふ》）

□friend（友だち）

□uncle（おじ）

□aunt（おば）

□cousin（いとこ）

ワンポイント

Who's this の Who's は、Who isを短くしたものだよ。

これを知ったらワンダフル！

sister や brother は、姉や兄、妹や弟の両方の意味を持つよ。どちらかをくわしく伝えたいときは、姉・兄ならolderかbigを、妹・弟ならyoungerかlittleを、sister や brotherの前につけて表すことができるよ。
例：
・older sister（姉）
・younger brother（弟）

小冊子のp.22～23で、もっと言葉や表現を学ぼう！

ぴったり2

練習

学習日　　月　　日

?ぴったりクイズ 答えはこのページの下にあるよ！

彼氏や彼女など、「恋人」を表す英語は何か知っているかな？

教科書 58～59ページ

かきトリ 英語をなぞり、声に出してみましょう。

できたらチェック！ 書く □ 話す □

□父
father

□祖父
grandfather

□母
mother

□祖母
grandmother

□男のきょうだい
brother

□女のきょうだい
sister

□友だち
friend

□おじ
uncle

□おば
aunt

□いとこ
cousin

□この人はだれですか。
Who's this?

□この人はわたしの母です。
This is my mother.

▶読み方が分からないときは、左ページにもどって音声を聞いてみましょう。

やりトリ 身近な人と自分との関係を書いて、声に出してみましょう。

できたらチェック！ 書く □ 話す □

This is my ______.

つたえるコツ

自分の家族や親せき、友だちなど、身近な人を表す英語をいろいろ入れてみて、その部分をはっきりと伝えるようにしよう。

▶あてはめる英語は、左のページや付録の小冊子、教科書や辞書などから探してみよう！

練習ができたら、次は誰かに伝えてみよう！

ぴったりクイズの答え 色々な言い方があるけど、よくboyfriend[ボイフレンド]や、girlfriend[ガールフレンド]と表すよ。

ぴったり1 **準備**

Unit 5 This is my sister. ②

学習日　　月　　日

めあて
自分の好きな人物をしょうかいできるようになろう。

教科書 58～59 ページ

身近な人と自分との関係と、その人のとくちょうの伝え方

ききトリ 音声を聞き、声に出してみましょう。 トラック85～86

This《ズィス》 is《イズ》 my《マイ》 mother《マザァ》. She's《シーズ》 kind《カインド》.
この人はわたしの母です。 彼女《かのじょ》は親切です。

せつめい **つたえる** This is my ～.で、「この人はわたしの～です。」と、人と自分との関係をしょうかいすることができます。続けてその人のとくちょうを伝えるとき、女の人には**she**(彼女は)を、男の人には**he**(彼は)を使います。ここでは、**She's ～.**で、「彼女は～です。」と表しています。～には、とくちょうを表す言葉が入ります。

ききトリ 音声を聞き、英語の言葉を言いかえて、文を読んでみましょう。 トラック87～88

This is my mother. She's **kind** .

いいかえよう とくちょうを表す英語

□brave
(勇かんな)

□cheerful
(陽気な)

□cool
(かっこいい)

□cute
(かわいい)

□friendly
(親しみやすい)

□funny
(おもしろい)

□kind
(親切な)

□smart
(頭のよい)

□strong
(強い)

ワンポイント
She'sはShe isを短くした形だよ。男の人はHe isで、He'sとなるよ。

これを知ったらワンダフル!
人をしょうかいするときは、その人の性別でHe'sやShe'sを使い分けるけど、性別をはっきり区別しないときは、They areを使って表すことができるよ。

小冊子のp.20～21で、もっと言葉や表現を学ぼう！

ぴったり 2

練習

学習日　　月　　日

?ぴったりクイズ 答えはこのページの下にあるよ！

coolは「かっこいい」という意味の言葉として出てきたけど、気候を表す意味もあるよ。 どんな意味か分かるかな？

教科書　58～59 ページ

かきトリ　英語をなぞり、声に出してみましょう。

できたらチェック！　書く　話す

□親切な
kind

□勇かんな
brave

□陽気な
cheerful

□強い
strong

□頭のよい
smart

ヒント
cheerful は e を2つ重ねることに注意しよう。

□かっこいい
cool

□かわいい
cute

□親しみやすい
friendly

□この人はわたしの母です。
This is my mother.

□彼女は親切です。
She's kind.

▶読み方が分からないときは、左ページにもどって音声を聞いてみましょう。

やりトリ　身近な人とその人のとくちょうを書いて、声に出してみましょう。

できたらチェック！　書く　話す

This is ＿＿＿＿＿＿＿＿.

＿＿＿＿＿＿＿＿＿＿.

つたえるコツ

最初の文に出てくる人の性別によって、2文目をShe'sから始めるかHe'sから始めるかを考えよう。その後に続くとくちょうを表す言葉を、いちばん強く言うようにしよう。

▶あてはめる英語は、左のページや付録の小冊子、教科書や辞書などから探してみよう！

練習ができたら、次は誰かに伝えてみよう！

ぴったりクイズの答え
coolは「かっこいい」という意味だけでなく、「すずしい、冷たい」という意味もあるんだよ。状況《じょうきょう》によって使い分けよう。

ぴったり3

確かめのテスト

Unit 5 This is my sister. ①〜②

時間 30 分

/100

合格 80 点

教科書 58〜59ページ　答え 9ページ

1 音声の内容に合う絵を、下の㋐〜㋒から選び、(　　)に記号を書きましょう。

トラック89

技能　1問5点(10点)

㋐

父

㋑

祖父《そふ》

㋒

祖母《そぼ》

(1) (　　　　)　(2) (　　　　)

2 音声を聞いて、内容に合う絵を線で結びましょう。

トラック90

1問15点(45点)

(1)

sister
(女のきょうだい)

(2)

mother
(母)

(3)

uncle
(おじ)

親切な

陽気な

おもしろい

ふりかえり　②が分からないときは、54, 56ページにもどって確認《かくにん》してみよう。

学習日　　月　　日

3

日本文に合う英語の文になるように、□の中から語を選び、□に書き、文全体をなぞりましょう。２回使う語もあります。文の最初の文字は大文字で書きましょう。

1つ5点(25点)

(1) この人はだれですか。

this?

(2) 〈(1)に答えて〉 彼女《かのじょ》はわたしのおばあさんです。

my .

(3) 彼女はとてもかっこいいです。

very .

cool　　grandmother　　who's　　he's　　she's

4

絵の内容に合うように、□の中から語句や文を選び、□に書き、文全体をなぞりましょう。

思考・判断・表現　1問10点(20点)

(1) This is .

(2)

my brother　　my sister

He's cute.　　She's cute.

ぴったり1 準備 3分でまとめ

Unit 5 This is my sister. ③

学習日　　月　　日

めあて
得意《とくい》なことについてのやりとりができるようになろう。

教科書 60〜61ページ

得意なことのたずね方／答え方

ききトリ 音声を聞き、声に出してみましょう。 トラック91〜92

Riku《リク》, are《アー》 you《ユー》 good《グッド》 at《アット》 cooking《クッキング》?
リク、あなたは料理することが得意ですか。

Yes《イェス》, I《アイ》 am《アム》.
はい、得意です。

せつめい

たずねる　相手に何かが得意かどうかを聞くには、Are you good at ～?の形を使います。～ingは「～すること」を表します。「あなたは～することが得意ですか。」と表します。～には得意なことを表す英語が入ります。

こたえる　Are you ～?の文に答えるときは、Yes, I am.（はい、得意です。）、No, I'm not.（いいえ、得意ではありません。）のどちらかで表します。

ききトリ 音声を聞き、英語の言葉を言いかえて、文を読んでみましょう。 トラック93〜96

Riku, are you good at **cooking** ?

いいかえよう　得意なことを表す英語

□playing soccer（サッカーをすること）

□playing the guitar（ギターをひくこと）

□singing（歌うこと）

□running（走ること）

□skiing（スキーをすること）

□dancing（おどること）

□surfing（サーフィンをすること）
□drawing（絵をかくこと）

Yes, I am. / No, I'm not.

これを知ったらワンダフル!
Riku, の部分には、たずねる相手の名前を入れよう。文の前ではなく、最後で名前を言ったり、他のたずねる文で同じように言ったりすることもできるよ。

ワンポイント
No, I'm not.のI'mは、I amを短くした形だよ。

学習日　　月　　日

?ぴったりクイズ 答えはこのページの下にあるよ！

run(走る)の別の意味を使って、run a ramen shopと言うことができるよ。どのような意味になるか、分かるかな？

教科書 60～61 ページ

かきトリ 英語をなぞり、声に出してみましょう。

できたらチェック！ 書く 話す

□おどること
dancing

□サッカーをすること
playing soccer

□ギターをひくこと
playing the guitar

□走ること
running

□歌うこと
singing

□スキーをすること
skiing

□料理すること
cooking

□絵をかくこと
drawing

□サーフィンをすること
surfing

□リク、あなたは料理することが得意ですか。
Riku, are you good at cooking?

□はい、得意です。
Yes, I am.

□いいえ、得意ではありません。
No, I'm not.

▶読み方が分からないときは、左ページにもどって音声を聞いてみましょう。

やりトリ 自分は得意かどうかを書いて、声に出してみましょう。

できたらチェック！ 書く 話す

Are you good at cooking?

______.

つたえるコツ

得意かどうかが分からないときは、ふだんからよくしていることか、していて楽しいかどうか、夢中《むちゅう》になってできるかどうか、などを考えて、答えるようにしよう。

▶あてはめる英語は、左のページや付録の小冊子、教科書や辞書などから探してみよう！

答える練習ができたら、次は誰かに質問してみよう！

ぴったりクイズの答え run a ramen shopで「ラーメン店を経営する」という意味になるよ。runには、「走る」という意味の他に、「～を経営する」という意味もあるんだよ。

Unit 5 This is my sister. ④

学習日 月 日

めあて

身近な人の得意《とくい》なことを言えるようになろう。

教科書 60～61 ページ

身近な人の得意なことの伝え方

ききトリ 音声を聞き、声に出してみましょう。 トラック97～98

Riku《リク》 is《イズ》 good《グッド》 at《アット》 cooking《クッキング》.
リクは料理することが得意です。

せつめい つたえる 身近な人の得意なことを伝えるときは、○○ is good at ～.(○○は～することが得意です。)と言います。○○には、人の名前や自分との関係を表す言葉が入ります。～には、得意なことを表す英語が入ります。

ききトリ 音声を聞き、英語の言葉を言いかえて、文を読んでみましょう。 トラック99～100

Riku is good at **cooking**.

いいかえよう 得意なことを表す英語

□playing volleyball
(バレーボールをすること)

□playing the recorder
(リコーダーをふくこと)

□speaking English
(英語を話すこと)

□swimming
(泳ぐこと)

□skating
(スケートをすること)

□riding a unicycle
(一輪車に乗ること)

□playing the violin(バイオリンをひくこと)
□sports(スポーツ) □chess(チェス) □games(ゲーム)

これを知ったらワンダフル!

「あなたは～することが得意です。」と伝えたい時は、You are good at ～.と表すよ。「わたしは～することが得意です。」と伝えたいときは、I'm good at ～.と表すよ。

これを知ったらワンダフル!

「～することが得意ではありません」と伝えたいときは、notを使って、not good at ～と表すよ。

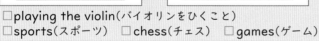

ぴったり 2

練習

学習日　　月　　日

?ぴったりクイズ　答えはこのページの下にあるよ！

得意なことを表す文ではgood atを使うことを学んだけど、「得意なこと」という意味の英語は何か、知っているかな？

教科書　60～61 ページ

かきトリ　英語をなぞり、声に出してみましょう。

できたらチェック！　書く □　話す □

□スケートをすること

skating

□バレーボールをすること

playing volleyball

□バイオリンをひくこと

playing the violin

□泳ぐこと

swimming

□一輪車に乗ること

riding a unicycle

□英語を話すこと

speaking English

□リコーダーをふくこと

playing the recorder

□チェス

chess

□ゲーム

games

□スポーツ

sports

□リクは料理することが得意です。

Riku is good at cooking.

▶読み方が分からないときは、左ページにもどって音声を聞いてみましょう。

やりトリ　自分の身近な人の得意なことを書いて、声に出してみましょう。

できたらチェック！　書く □　話す □

＿＿＿＿ is good at ＿＿＿＿ .

つたえるコツ

文の最初には、友だちの名前や家族など自分との関係を表す言葉を入れよう。atの後ろに入る、得意なことを表す言葉を強く言うようにしよう。

▶あてはめる英語は、左のページや付録の小冊子、教科書や辞書などから探してみよう！

練習ができたら、次は誰かに伝えてみよう！

ぴったりクイズの答え　いろいろな言い方があるけど、ここではstrong point をしょうかいするよ。strong(強い)なpoint(点)で、「得意」の他に、「強み」や「長所」などを表すこともできるよ。

Unit 5
This is my sister. ③～④

時間 30分

／100

合格 80点

教科書 60～61ページ　答え 10ページ

1 音声の内容に合う絵を、下の㋐～㋒から選び、(　　)に記号を書きましょう。

トラック101

技能　1問5点(10点)

㋐

㋑

㋒

(1) (　　　　)　(2) (　　　　)

2 音声を聞いて、①に「何が」②に「得意《とくい》か」「得意でないか」を、①は　　　から選んで(　　)に記号を書き、②は「得意・得意でない」のどちらかに○を付けましょう。

トラック102

1問完答15点(45点)

(1)

Emma

① (　　　　)

② (得意・得意でない)

(2)

Kevin

① (　　　　)

② (得意・得意でない)

(3)

Yuki

① (　　　　)

② (得意・得意でない)

①

ア

イ

ウ

ふりかえり　❷が分からないときは、60, 62ページにもどって確認《かくにん》してみよう。

3 日本文に合う英語の文になるように、［　］の中から語を選び、［　］に書き、文全体をなぞりましょう。２回使う語もあります。文の最初の文字は大文字で書きましょう。

1つ5点(25点)

(1) あなたはスケートをすることが得意ですか。

Are you good ［　］［　　　］?

(2) 〈(1)に答えて〉　いいえ、得意ではありません。

［　　］, I'm ［　　］.

(3) ケンはサーフィンをすることが得意です。

Ken is good ［　］ surfing.

skating　　not　　at　　well　　yes　　no

4 絵の内容に合うように、友だちの男の人をしょうかいしましょう。［　］の中から文を選び、［　］に書きましょう。

思考・判断・表現　1問10点(20点)

Tom

This is my friend.

(1) ［　　　　　　　　］

(2) ［　　　　　　　　］

He's Tom.　　He's good at playing tennis.

She's Tom.　　She's good at playing tennis.

Unit 6
I'd like pizza. ①

学習日　　月　　日

めあて
料理の注文をしたり、金額をたずねたりできるようになろう。

教科書 68～69ページ

料理の注文のたずね方／答え方

ききトリ 音声を聞き、声に出してみましょう。　トラック103～104

What《(フ)ワット》 would《ウッド》 you《ユー》 like《ライク》?
何になさいますか。

I'd《アイド》 like《ライク》 pizza《ピーツァ》.
ピザをお願いしたいのですが。

せつめい
たずねる　What would you like?で「何になさいますか。」とたずねることができます。
こたえる　答えるときは、I'd like ～.で、「わたしは～がほしいです。」と表します。ここでは、「～をお願いしたいのですが。」という意味になります。

ききトリ 音声を聞き、英語の言葉を言いかえて、文を読んでみましょう。　トラック105～106

What would you like?

I'd like **pizza** .

いいかえよう　食べもの・料理を表す英語

□bread（パン）

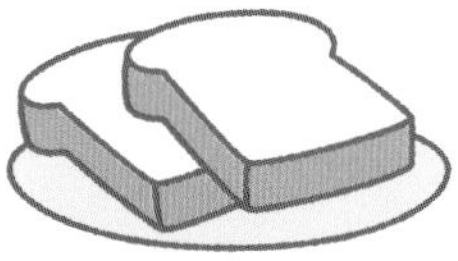

□curry and rice（カレーライス）

□parfait（パフェ）

□steak（ステーキ）

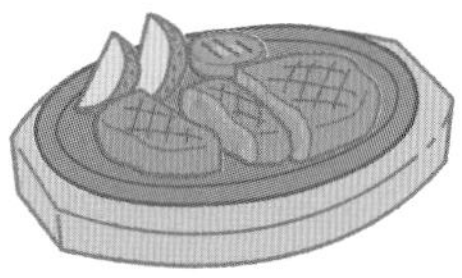

□salad（サラダ）

□tea（お茶、紅茶）

□coffee（コーヒー）

□cake（ケーキ）

□yogurt（ヨーグルト）

□hamburger（ハンバーガー）
□spaghetti（スパゲッティ）
□ice cream（アイスクリーム）
□orange juice（オレンジジュース）
□mineral water（ミネラルウォーター）
□milk（牛乳《ぎゅうにゅう》）

これを知ったらワンダフル！
I'dはI wouldを短くした形だよ。wouldを使った文で聞かれているので、wouldで答えているんだね。

これを知ったらワンダフル！
ほしいものが2つのときは、andを使ってcake and coffeeのように表すよ。3つ以上のときは、cake, bread, and coffeeのように、最後にandを使って表すよ。

小冊子のp.10～15で、もっと言葉や表現を学ぼう！

ぴったり2

練習

学習日　月　日

ぴったりクイズ 答えはこのページの下にあるよ！

ハンバーグはどこで生まれたとされる食べものか、分かるかな？

教科書　68〜69 ページ

かきトリ　英語をなぞり、声に出してみましょう。

できたらチェック！　書く　話す

□ステーキ
steak

□カレーライス
curry and rice

□パン
bread

□ハンバーガー
hamburger

□スパゲッティ
spaghetti

□ヨーグルト
yogurt

□オレンジジュース
orange juice

□パフェ
parfait

□サラダ
salad

□ミネラルウォーター
mineral water

□コーヒー
coffee

□お茶、紅茶
tea

□何になさいますか。
What would you like?

□ピザをお願いしたいのですが。
I'd like pizza.

▶読み方が分からないときは、左ページにもどって音声を聞いてみましょう。

やりトリ　自分が注文したい料理や食べものを書いて、声に出してみましょう。

できたらチェック！　書く　話す

What would you like?

I'd like ＿＿＿＿＿＿＿＿.

つたえるコツ

海外のお店で注文している場面を考えて、食べものや料理名の部分をはっきり伝えるようにしよう。

▶あてはめる英語は、左のページや付録の小冊子、教科書や辞書などから探してみよう！

答える練習ができたら、次は誰かに質問してみよう！

ぴったりクイズの答え　ハンバーグは、ドイツで生まれたとされる食べものだよ。北部の都市「ハンブルク(Hamburg)」の英語の読み方から、その名がついたとされているよ。

ぴったり1 準備

Unit 6
I'd like pizza. ②

学習日 　　月　　日

めあて
料理の注文をしたり、金《きん》額《がく》をたずねたりできるようになろう。

教科書 68〜69ページ

金額のたずね方／答え方

ききトリ 音声を聞き、声に出してみましょう。　トラック107〜108

I'd《アイド》 like《ライク》 pizza《ピーツァ》. How《ハウ》 much《マッチ》 is《イズ》 it《イット》?
わたしはピザがほしいです。それはいくらですか。

It's《イッツ》 six《スィックス》 hundred《ハンドゥレッド》 yen《イエン》.
600円です。

せつめい
たずねる　ほしいものを店員に伝えたあと、金額をたずねるときは、How much is it?（それはいくらですか。）で表します。
こたえる　答えるときは、It's ～.で、「それは～です。」と表します。「～」には金額が入ります。

ききトリ 音声を聞き、英語の言葉を言いかえて、文を読んでみましょう。　トラック109〜110

I'd like **pizza**. How much is it?

いいかえよう　食べもの・料理を表す英語

□fried chicken（フライドチキン）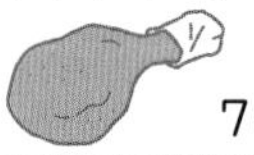 700円	□grilled fish（焼き魚）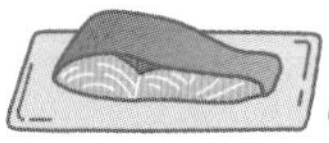 650円	□rice（ごはん） 150円
□soda（ソーダ） 350円	□French fries（フライドポテト） 350円	□corn soup（コーンスープ） 200円
□*miso* soup（みそしる） 150円	□pudding（プリン） 500円	□spaghetti（スパゲッティ） 650円
□hamburger（ハンバーガー） 550円	□ice cream（アイスクリーム） 500円	□orange juice（オレンジジュース） 350円

It's six hundred yen.

ワンポイント
*miso*は日本語がそのまま英語になった言葉だから、イタリック（体）でななめにしてあるよ。

ワンポイント
数字を表す英語については、p.7でくわしく見てみよう。

小冊子のp.10〜15で、もっと言葉や表現を学ぼう！

ぴったり2

練習

学習日　　月　　日

?ぴったりクイズ 答えはこのページの下にあるよ！

フライドポテト(French fries)は、アメリカでよく使われる言い方だよ。イギリスではどう表すか、知っているかな？

教科書 68～69 ページ

かきトリ 英語をなぞり、声に出してみましょう。

できたらチェック！ 書く □ 話す □

□ソーダ
soda

□焼き魚
grilled fish

□コーンスープ
corn soup

□ごはん
rice

□フライドチキン
fried chicken

□みそしる
miso soup

□プリン
pudding

□フライドポテト
French fries

ヒント
pudding は d を2回書くことに注意しよう。

□アイスクリーム
ice cream

□わたしはピザがほしいです。それはいくらですか。
I'd like pizza. How much is it?

□600円です。
It's six hundred yen.

▶読み方が分からないときは、左ページにもどって音声を聞いてみましょう。

やりトリ 好きな金額《きんがく》を書いて、声に出してみましょう。

できたらチェック！ 書く □ 話す □

I'd like pizza. How much is it?

It's ______ yen.

つたえるコツ
13～19の発音は語尾が上がるけど、30、40、50、…の発音は語尾が下がることに注意しよう。

▶あてはめる英語は、左のページや付録の小冊子、教科書や辞書などから探してみよう！

答える練習ができたら、次は誰かに質問してみよう！

ぴったりクイズの答え イギリスでは、フライドポテトのことをchips[チップス]と言うよ。ちなみに、アメリカでchipsというと、ポテトチップスのことを表すよ。

ぴったり3 確かめのテスト

Unit 6
I'd like pizza. ①～②

時間 30 分

／100

合格 80 点

教科書 68～69 ページ　答え 11 ページ

1 音声の内容に合う絵を、下の㋐～㋒から選び、(　　)に記号を書きましょう。

トラック111

技能　1問5点(10点)

㋐

㋑

㋒

(1) (　　　　)　(2) (　　　　)

2 音声を聞いて、内容に合う絵を線で結びましょう。

トラック112

1問完答15点(45点)

(1)

Emma

(2)

Riku

(3)

Yuki

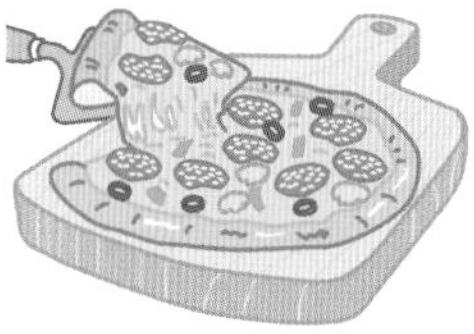

¥500	¥650	¥800	¥670

ふりかえり　❷が分からないときは、68ページにもどって確認《かくにん》してみよう。

3

日本文に合う英語の文になるように、　　の中から語を選び、　　に書き、文全体をなぞりましょう。２回使う語もあります。文の最初の文字は大文字で書きましょう。

1つ5点(25点)

(1) 何になさいますか。

_____ would you _____?

(2) わたしはプリンがほしいです。

I'd _____ _____.

(3) それは400円です。

_____ four hundred yen.

like　　what　　it's　　it　　pudding

4

絵の中の店員と客とのやりとりを完成させましょう。　　の中から文を選び、　　に書きましょう。

思考・判断・表現　1問10点(20点)

(1) _____

(2) _____

How is it?　　What would you like?

I'd like pizza.　　I'd like spaghetti.

ぴったり1 準備

3分でまとめ

Unit 6
I'd like pizza. ③

学習日　　月　　日

めあて
食べものの味やとくちょうを言えるようになろう。

教科書　70～71ページ

食べものの味やとくちょうの伝え方

ききトリ　音声を聞き、声に出してみましょう。　トラック113～114

This《ズィス》 is《イズ》 *manju*《マンジュウ》.
これはまんじゅうです。
It's《イッツ》 sweet《スウィート》 and《アンド》 delicious《ディリシャス》.　I《アイ》 like《ライク》 it《イット》.
それはあまくておいしいです。　わたしはそれが好きです。

せつめい　つたえる　This is ～.(これは～です。)で食べ物をしょうかいしています。続けて、それのとくちょうをandで2つつなげて、It's ... and ～.(それは…で～です。)と表しています。I like it.で「わたしはそれが好きです。」と伝えています。

ききトリ　音声を聞き、英語の言葉を言いかえて、文を読んでみましょう。　トラック115～118

This is *manju*.

いいかえよう　日本の食べものを表す英語

□*tsukemono*（つけ物）

□*taiyaki*（たい焼き）

□*goya champuru*（ゴーヤチャンプルー）
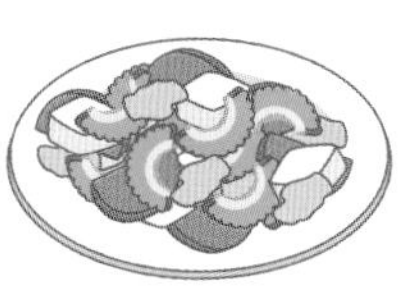

□*wasabi*（ワサビ）

ワンポイント
日本の食べものや料理など、日本語がそのまま英語になっているものを表すときには、文字をななめにして区別するよ。

It's sweet and delicious.　I like it.

いいかえよう　とくちょうを表す英語

□sour（すっぱい）

□hot（からい）
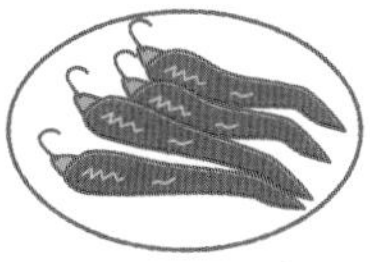

□salty（塩からい）

□bitter（にがい）

□healthy（体によい）

これを知ったらワンダフル！
とくちょうを2つ言うときは、2つのとくちょうを表す英語の間にandを入れて表そう。とくちょうを1つだけ伝えるときは、andを使わずに表すよ。

ぴったり2

練習

学習日　　月　　日

？ぴったりクイズ　答えはこのページの下にあるよ！

hot以外に、「からい」を表す英語を知っているかな？

教科書　70～71 ページ

かきトリ　英語をなぞり、声に出してみましょう。

できたらチェック！　書く □　話す □

□からい
hot

□あまい
sweet

□塩からい
salty

□にがい
bitter

□すっぱい
sour

□体によい
healthy

□おいしい
delicious

ヒント
salty の a、sour の ou、delicious の ou、healthy の ea のつづりに注意しよう。

□これはまんじゅうです。
This is manju.

□それはあまくておいしいです。 わたしはそれが好きです。
It's sweet and delicious. I like it.

▶読み方が分からないときは、左ページにもどって音声を聞いてみましょう。

やりトリ　好きな食べものとそのとくちょうを書いて、声に出してみましょう。

できたらチェック！　書く □　話す □

This is ＿＿＿＿＿.
It's ＿＿＿＿＿
and ＿＿＿＿＿.
I like it.

▶あてはめる英語は、左のページや付録の小冊子、教科書や辞書などから探してみよう！

つたえるコツ
日本語の料理名を英語で伝えるときは、聞き取ってもらえるようにゆっくりはっきり言うようにしよう。andの後ろに入れる2つめのとくちょうになやんだら、delicious(おいしい)を使ってみよう。

練習ができたら、次は誰かに伝えてみよう！

ぴったりクイズの答え　スパイスや薬味がきいているぴりっとした「からさ」を表すときは、spicy［ス**パイ**スィ］という英語を使うことができるよ。

ぴったり3
確かめのテスト

Unit 6 I'd like pizza. ③

時間 30 分

／100

合格 80 点

教科書 70～71 ページ　答え 12 ページ

1 音声の内容に合う絵を、下の㋐～㋒から選び、(　　)に記号を書きましょう。

トラック119

技能　1問5点(10点)

㋐

㋑

㋒

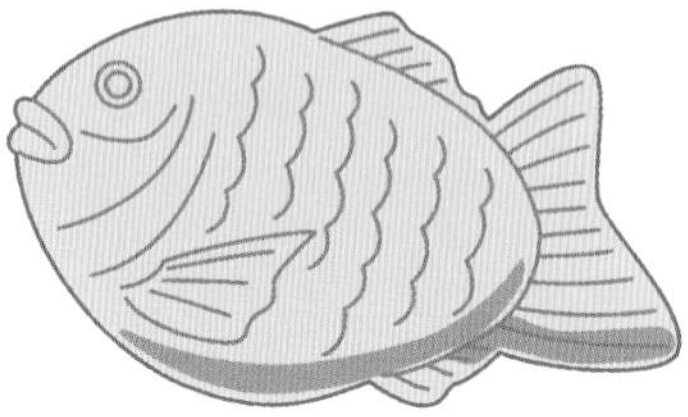

(1) (　　　　)　(2) (　　　　)

2 音声を聞いて、内容に合う絵を線で結びましょう。

トラック120

1問15点(45点)

(1)

tsukemono

(2)

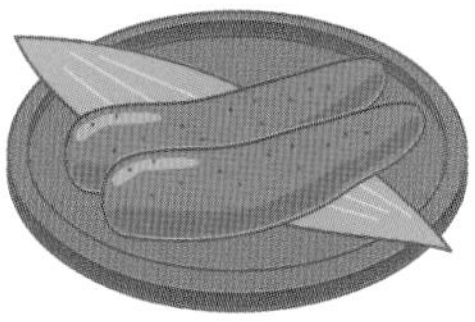

karashimentaiko

(3)

natto

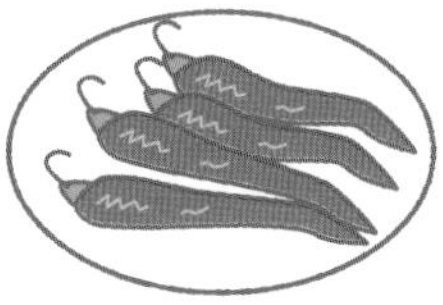

ふりかえり　❷が分からないときは、72ページにもどって確認《かくにん》してみよう。

3 日本文に合う英語の文になるように、[　]の中から語を選び、[　]に書き、文全体をなぞりましょう。文の最初の文字は大文字で書きましょう。

1つ5点(25点)

(1) これはみそです。

[　　　] is miso.

(2) それはあまくておいしいです。

It's [　　　] and [　　　].

(3) わたしはそれが好きです。

I [　　　] [　　].

this　it　delicious　like　sweet

4 絵の内容に合うように、[　]の中から文を選び、[　]に書きましょう。

思考・判断・表現　1問10点(20点)

(1) ＿＿＿＿＿＿＿＿＿＿

(2) ＿＿＿＿＿＿＿＿＿＿

This is *wagashi*.　It's sweet.

This is *umeboshi*.　It's sour.

この本の終わりにある「冬のチャレンジテスト」をやってみよう！

ぴったり1 準備

3分でまとめ

Unit 7 Where's the cat? ①

学習日　　月　　日

めあて

ものの位置を言うことができるようになろう。

教科書　80〜81ページ

ものの位置のたずね方／伝え方

ききトリ 音声を聞き、声に出してみましょう。　トラック121〜122

Where's《(フ)ウェアズ》 the《ザ》 dog《ド(ー)グ》?

その犬はどこにいますか。

It's《イッツ》 on《ア(ー)ン》 the《ザ》 chair《チェア》. The《ザ》 dog《ド(ー)グ》 is《イズ》 on《ア(ー)ン》 the《ザ》 chair《チェア》.

それはいすの上にいます。　その犬はいすの上にいます。

せつめい

たずねる　どこにいる[ある]かを聞くときは、Where's〜？で、「〜はどこにいます[あります]か。」と表します。ここでの「〜」には、ものの名前が入ります。

こたえる　答えは「それは〜にいます[あります]。」で〈It's＋場所の表現.〉とします。

ききトリ 音声を聞き、英語の言葉を言いかえて、文を読んでみましょう。　トラック123〜124

Where's the dog?

It's on the chair . The dog is on the chair.

いいかえよう　位置を表す英語

□under the chair（いすの下に）

□by the chair（いすのそばに）

□in the box（箱の中に）

これを知ったらワンダフル！

たずねる文にあるWhere's は、Where isを短くした形だよ。答えの文のIt'sはIt isを短くした形で、ここではThe dogのことをさしているよ。

これを知ったらワンダフル！

今まではisは「〜だ、〜である」という意味で使われていたけど、ここでは「いる、ある」という意味で使われているよ。

練習

学習日　　月　　日

?ぴったりクイズ 答えはこのページの下にあるよ！

「かべにあります」と伝えたいとき、by、on、under、inのどれを使えばいいか、分かるかな？

教科書　80～81 ページ

かきトリ　英語をなぞり、声に出してみましょう。

できたらチェック！　書く　話す

□～のそばに　by

□～の上に　on

□～の下に　under

□～の中に　in

□いす　chair

□箱　box

□どこに　where

□犬　dog

□その犬はどこにいますか。

Where's the dog?

□それはいすの上にいます。

It's on the chair.

□その犬はいすの上にいます。

The dog is on the chair.

ヒント

chair は発音とつづりの両方に注意しよう。

▶読み方が分からないときは、左ページにもどって音声を聞いてみましょう。

やりトリ　犬がどこにいるかを想像《そうぞう》して書いて、声に出してみましょう。

できたらチェック！　書く　話す

Where's the dog?

It's ＿＿＿＿＿＿＿＿.

つたえるコツ

位置がちゃんと伝わるように、on、under、in、by などの英語をはっきり言うようにしよう。

▶あてはめる英語は、左のページや付録の小冊子、教科書や辞書などから探してみよう！

答える練習ができたら、次は誰かに質問してみよう！

ぴったりクイズの答え

「かべに」と表すときは、onを使ってon the wallと表すよ。onは、くっついていたら上になくても使うことができる英語だよ。

ぴったり1 準備

Unit 7 Where's the cat? ②

学習日 月 日

めあて
建物や店の場所を言うことができるようになろう。

教科書 82～83ページ

建物や店の場所のたずね方／伝え方

ききトリ 音声を聞き、声に出してみましょう。 トラック125～126

Where's《(フ)ウェアズ》 the《ザ》 park《パーク》?
その公園はどこにありますか。

It's《イッツ》 next《ネクスト》 to《トゥー》 the《ザ》 zoo《ズー》.
それは動物園のとなりにあります。

せつめい

たずねる どこにいる[ある]かを聞くときは、**Where's～?**で、「～はどこにいます[あります]か。」と表します。ここでの「～」には、建物などの場所を表す言葉が入ります。

こたえる 答えは「それは～にあります。」で〈**It's**＋場所の表現.〉とします。

ききトリ 音声を聞き、英語の言葉を言いかえて、文を読んでみましょう。 トラック127～130

Where's the park ?

いいかえよう 場所を表す英語

□bookstore
（書店、本屋）

□restaurant
（レストラン）

□post office
（郵便局《ゆうびんきょく》）

□cake shop（ケーキ屋）
□hospital（病院）
□fire station（消防署《しょうぼうしょ》）

ワンポイント
whereは文の最初に置かれ、「どこ」という意味を表しているよ。

It's next to the zoo .

いいかえよう 場所を表す英語

□across from the super market（スーパーマーケットの向かいに）
□between the hospital and the zoo（病院と動物園の間に）

これを知ったらワンダフル!
ここでのitでは、それまでにやりとりしていた案内中の場所のことを表しているよ。

小冊子のp.28～29で、もっと言葉や表現を学ぼう！

ぴったり2

練習

学習日　　月　　日

?ぴったりクイズ 答えはこのページの下にあるよ！

zoo(動物園)は、zから始まるめずらしい英語だね。では、zから始まる動物の名前は何か、分かるかな？

教科書　82～83ページ

かきトリ 英語をなぞり、声に出してみましょう。

できたらチェック！　書く　話す

□動物園
zoo

□郵便局《ゆうびんきょく》
post office

□病院
hospital

□書店、本屋
bookstore

□レストラン
restaurant

□～のとなりに
next to

□～の向かいに
across from

□公園
park

□AとBの間に
between A and B

□その公園はどこにありますか。
Where's the park?

□それは動物園のとなりにあります。
It's next to the zoo.

ヒント
across の最後の s が２つであることに気をつけよう。

▶読み方が分からないときは、左ページにもどって音声を聞いてみましょう。

やりトリ 公園がどこにあるかを想像《そうぞう》して書いて、声に出してみましょう。

できたらチェック！　書く　話す

Where's the park?

It's ＿＿＿＿＿＿＿＿.

つたえるコツ
場所がちゃんと伝わるように、across、between、right、leftなどの英語をはっきり言うようにしよう。

▶あてはめる英語は、左のページや付録の小冊子、教科書や辞書などから探してみよう！

答える練習ができたら、次は誰かに質問してみよう！

ぴったりクイズの答え zebra(シマウマ)は、zから始まる動物の名前を表す英語だよ。ほかにはどんな動物の名前があるか、調べてみよう。

Unit 7 Where's the cat? ①～②

時間30分

／100

合格80点

教科書 80～83ページ　答え 13ページ

1 音声の内容に合う絵を、下のㇰ～ㇷから選び、（　　）に記号を書きましょう。　トラック131

技能　1問5点（10点）

㋐

㋑

㋒

(1)（　　　　）　(2)（　　　　）

2 次の絵はあなたの部屋です。3つの音声を聞いて、質問に対する答えとして正しいものを　　から選び、　　に書き、文全体をなぞりましょう。　トラック132

1問15点（45点）

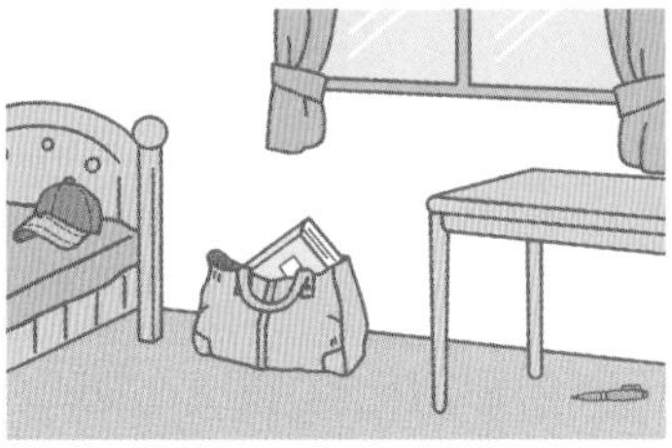

(1) It's 　　　　　　　.

(2) It's 　　　　　　　.

(3) It's 　　　　　　　.

in the bag　　on the bed　　under the desk

ふりかえり　**2**が分からないときは、76ページにもどって確認《かくにん》してみよう。

3 日本文に合う英語の文になるように、[　　]の中から語を選び、[　　]に書き、文全体をなぞりましょう。文の最初は大文字で書きましょう。

1つ5点(25点)

(1) そのケーキ屋さんはどこにありますか。

[　　　　] the cake shop?

(2) 〈(1)に答えて〉それは消防署《しょうぼうしょ》の向かいにあります。

[　　] [　　　　] from the fire station.

(3) その鳥は箱の中にいます。

The bird is [　　] the [　　].

it's	box	where's	across	in

4 絵の内容に合うように、[　　]の中から語句を選び、[　　]に書き、文全体をなぞりましょう。

思考・判断・表現　1問10点(20点)

(1) The white cat is 　　　　　　.

(2) My house is 　　　　　　 the hotel.

on the desk	on the chair	across from	next to

ぴったり1 準備

3分でまとめ

Unit 7 Where's the cat? ③

学習日 月 日

めあて
自分の家までの道案内ができるようになろう。

教科書 84〜85ページ

道案内の伝え方

ききトリ 音声を聞き、声に出してみましょう。 トラック133〜134

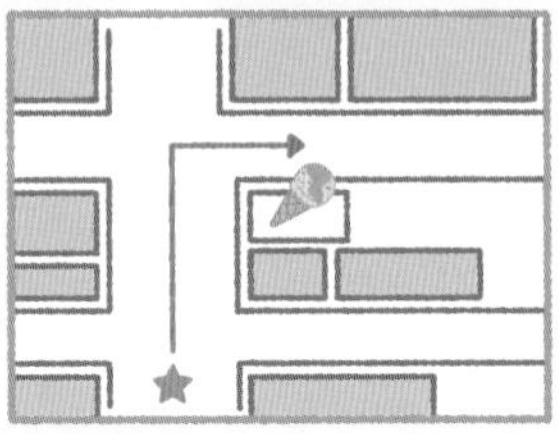

Go《ゴウ》 straight《ストゥレイト》.
まっすぐに行ってください。

Turn《ターン》 right《ライト》 at《アット》 the《ズィ》 ice《アイス》 cream《クリーム》 shop《シャ(ー)ップ》.
アイスクリーム屋で右に曲がってください。

せつめい つたえる 道案内の表現が２つ出ています。go straightは「まっすぐに行く」、相手にどちらに曲がってもらうかを伝えるときは〈turn＋左[右]〉で「左[右]に曲がる」を表します。ここではright(右)となっています。

ききトリ 音声を聞き、英語の言葉を言いかえて、文を読んでみましょう。 トラック135〜136

Go straight. Turn right at the ice cream shop .

いいかえよう 方向を表す英語

□Turn left
（左に曲がる）

ワンポイント
道案内をするときは動作を表す語が文の最初に置かれ、「〜してください」という意味になるよ。

いいかえよう 場所を表す英語

□convenience store
（コンビニエンスストア）

□library
（図書館）

□gas station
（ガソリンスタンド）

これを知ったらワンダフル！
「ガソリンスタンド」は日本でつくられた言葉なので、ガソリンスタンドと言っても英語ではうまく通じないよ。このような「和製英語」に注意して、英語を学ぼう。

小冊子のp.28〜29で、もっと言葉や表現を学ぼう！

ぴったり2

練習

学習日　月　日

?ぴったりクイズ 答えはこのページの下にあるよ！

rightは、「右」という意味以外のことを表すことができるよ。どのような意味になるか分かるかな？

教科書 84～85ページ

かきトリ 英語をなぞり、声に出してみましょう。

できたらチェック！ 書く □ 話す □

□ガソリンスタンド
gas station

□コンビニエンスストア
convenience store

□図書館
library

□アイスクリーム屋
ice cream shop

□まっすぐに行く
go straight

□左に曲がる
turn left

□右に曲がる
turn right

ヒント
straight の aigh のつづりに注意しよう。

□まっすぐに行ってください。
Go straight.

□アイスクリーム屋で右に曲がってください。
Turn right at the ice cream shop.

▶読み方が分からないときは、左ページにもどって音声を聞いてみましょう。

やりトリ 相手にどこでどちらに曲がってもらうかを書いて、声に出してみましょう。

できたらチェック！ 書く □ 話す □

Turn ＿＿＿＿ at the
＿＿＿＿.

つたえるコツ
教科書や地図を見ながら、どちらに曲がってほしいかを考えて伝えてみよう。

▶あてはめる英語は、左のページや付録の小冊子、教科書や辞書などから探してみよう！

練習ができたら、次は誰かに伝えてみよう！

ぴったりクイズの答え rightは、「右」という意味以外にも「正しい」という意味を表すことができるよ。That's right.（その通り。）などで使われるよ。ほかにどんな意味があるか、調べてみよう。

ぴったり1 準備

Unit 7 Where's the cat? ④

学習日　月　日

めあて
自分の家までの道案内ができるようになろう。

教科書 84～85ページ

道案内の伝え方

ききトリ 音声を聞き、声に出してみましょう。 トラック137～138

It's《イッツ》 on《ア(ー)ン》 your《ユア》 left《レフト》.
それは左側にあります。
It's《イッツ》 next《ネクスト》 to《トゥー》 the《ザ》 hotel《ホウテル》.
それはホテルのとなりにあります。

せつめい つたえる 道案内の表現が2つ出ています。相手のどちら側にあるかを伝えるときは〈It's on your＋左[右]〉「それは(あなたの)左[右]側にあります。」と表します。ここではleft(左)となっています。next to～は「～のとなりに」でしたね。

ききトリ 音声を聞き、英語の言葉を言いかえて、文を読んでみましょう。 トラック139～142

It's **on your left**. It's next to the **hotel**.

いいかえよう 方向を表す英語

□on your right
((あなたの)右側に)

いいかえよう 場所を表す英語

□police station
(警察署《けいさつしょ》)

□department store
(デパート)

□bank
(銀行)

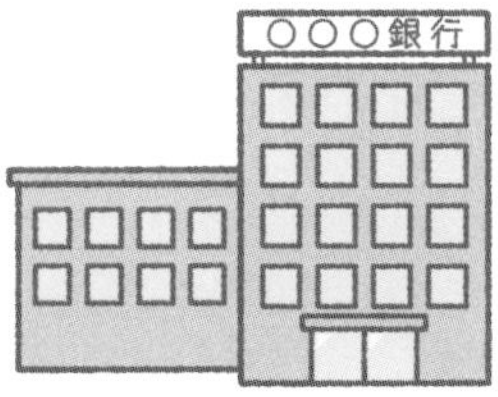

これを知ったらワンダフル!
on your right や on your left は、side という英語を使って on your right side や on your left side と言っても、同じように「(あなたの)右側に」、「(あなたの)左側に」という意味を表すよ。

これを知ったらワンダフル!
police station は警察署を意味するけど、station だけだと、「(電車などの)駅」という意味を表すよ。

小冊子のp.28～29で、もっと言葉や表現を学ぼう！

ぴったり2

練習

学習日　月　日

?ぴったりクイズ　答えはこのページの下にあるよ！

日本語の「マンション」は実は和《わ》製《せい》英語で、英語として伝えると別の意味で理解されてしまうよ。それはどんな意味か、分かるかな？

教科書　84～85ページ

かきトリ　英語をなぞり、声に出してみましょう。

できたらチェック！　書く　話す

□デパート
department store

□ホテル
hotel

□銀行
bank

□警察署
police station

□（あなたの）左側に
on your left

□（あなたの）右側に
on your right

□まっすぐに行ってください。
Go straight.

□それは左側にあります。
It's on your left.

□それはホテルのとなりにあります。
It's next to the hotel.

ヒント
right と straight は両方とも gh は発音しない文字なので気をつけよう。

▶読み方が分からないときは、左ページにもどって音声を聞いてみましょう。

やりトリ　想像《そうぞう》しながら道案内の文を書いて、声に出してみましょう。

できたらチェック！　書く　話す

________________________.

________________________.

つたえるコツ
今までに学んだ表現をしっかりおさえて、いろいろな場所の名前を使いながら練習してみよう。

▶あてはめる英語は、左のページや付録の小冊子、教科書や辞書などから探してみよう！

練習ができたら、次は誰かに伝えてみよう！

ぴったりクイズの答え　マンション（mansion）は、大きな家を表す「ごうてい」という意味になってしまうよ。apartment や condominium など、ほかの表し方を調べてみよう。

Unit 7 Where's the cat? ③～④

時間 30 分

／100

合格 80 点

教科書 84～85 ページ　答え 14 ページ

1 音声の内容に合う絵を、下の㋐～㋒から選び、（　　）に記号を書きましょう。

トラック143

技能　1問5点(10点)

㋐

㋑

㋒

(1)（　　　　）　(2)（　　　　）

2 女の子が道をたずねています。音声を聞いて正しいものを［　　］から選び、［　　］に書き、文全体をなぞりましょう。文の最初は大文字で書きましょう。

トラック144

1問15点(45点)

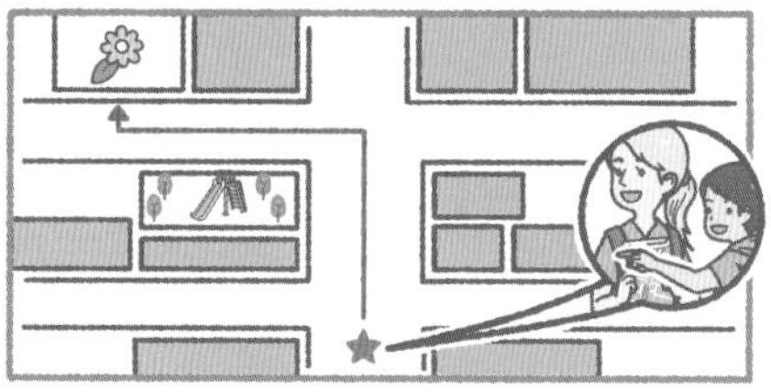

(1) ［　　　　　　　　］.

(2) ［　　　　　　　　］ at the park.

(3) It's ［　　　　　　　　］.

turn left　　go straight　　on your right

ふりかえり　❷が分からないときは、82, 84ページにもどって確認《かくにん》してみよう。

3 日本文に合う英語の文になるように、［　　］の中から語を選び、［　　］に書き、文全体をなぞりましょう。文の最初は大文字で書きましょう。

1つ5点(25点)

(1) まっすぐに行ってください。

［　　］ ［　　］.

(2) 警察署《けいさつしょ》で左に曲がってください。

Turn ［　　］ at the ［　　］ station.

(3) それは右側にあります。

It's on your ［　　］.

left　right　straight　police　go

4 絵の中の男の子になったつもりで、女の人からの質問に答えましょう。答えは［　　］の中から文を選び、［　　］に書きましょう。

思考・判断・表現　1問10点(20点)

(1)

(2)

It's next to the bank.　Go straight.

Turn left.　Turn right.

ぴったり1 準備

3分でまとめ

Unit 8 Let's go to Singapore. ①

学習日　月　日

めあて
行ってみたい国を言うことができるようになろう。

教科書　92〜93ページ

行きたい国のたずね方／答え方

ききトリ 音声を聞き、声に出してみましょう。　トラック145〜146

Where《(フ)ウェア》 do《ドゥー》 you《ユー》 want《ワ(ー)ント》 to《トゥー》 go《ゴウ》?
あなたはどこに行きたいですか。

I《アイ》 want《ワ(ー)ント》 to《トゥー》 go《ゴウ》 to《トゥー》 Italy《イタリー》.
わたしはイタリアに行きたいです。

せつめい

たずねる　行きたい場所をたずねるときは、Where do you want to go?で、「あなたはどこに行きたいですか。」と表します。

こたえる　答えるときは、I want to go to〜.で、「わたしは〜に行きたいです。」となります。「〜」には、国や場所を表す言葉が入ります。

ききトリ 音声を聞き、英語の言葉を言いかえて、文を読んでみましょう。　トラック147〜148

Where do you want to go?

I want to go to Italy .

いいかえよう　国の名前を表す英語

□Brazil
（ブラジル）

□Canada
（カナダ）

□Egypt
（エジプト）

□India
（インド）

□Singapore
（シンガポール）

□China
（中国）

□Australia
（オーストラリア）

□Spain
（スペイン）

□the USA
（アメリカ合衆国《がっしゅうこく》、米国）

ワンポイント
want toのtoの後ろには、goなどの動作を表す英語が入るよ。go toのtoの後ろには、国や場所を表す英語が入ることに注意しよう。

これを知ったらワンダフル！
アメリカ合衆国を表すthe USAのUSAは、United States of Americaを短くしたものだよ。

学習日　　月　　日

?ぴったりクイズ 答えはこのページの下にあるよ！

英語で表したときに、正式名称《めいしょう》が世界一短い国名は何か、知っているかな？

教科書 92〜93 ページ

かきトリ 英語をなぞり、声に出してみましょう。

できたらチェック！ 書く 話す

□オーストラリア
Australia

□シンガポール
Singapore

□ブラジル
Brazil

□アメリカ合衆国、米国
the USA

□スペイン
Spain

□カナダ
Canada

□インド
India

□エジプト
Egypt

□中国
China

ヒント
Egypt は gy のつづりに注意しよう。

□あなたはどこに行きたいですか。
Where do you want to go?

□わたしはイタリアに行きたいです。
I want to go to Italy.

▶読み方が分からないときは、左ページにもどって音声を聞いてみましょう。

やりトリ 自分の行ってみたい国を書いて、声に出してみましょう。

できたらチェック！ 書く 話す

つたえるコツ
国名を表す英語は、日本語の発音とのちがいに注意して、はっきり伝えるようにしよう。

Where do you want to go?

I want to go to ＿＿＿＿＿＿＿＿.

▶あてはめる英語は、左のページや付録の小冊子、教科書や辞書などから探してみよう！

答える練習ができたら、次は誰かに質問してみよう！

ぴったりクイズの答え 実はJapan(日本)は、正式名称を英語で表したときに一番文字数が少ない国名なんだよ。ほかにも5文字の国名をさがしてみよう。

ぴったり1 準備

Unit 8
Let's go to Singapore. ②

学習日　　月　　日

めあて
行ってみたい国や、そこでできることを伝えることができるようになろう。

教科書　94〜95ページ

行きたい国やそこでできることの伝え方

ききトリ 音声を聞き、声に出してみましょう。　トラック149〜150

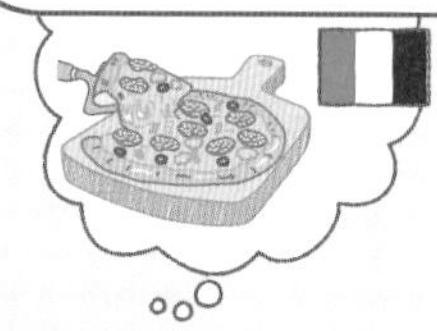

Let's《レッツ》 go《ゴウ》 to《トゥー》 Italy《イタリー》. **We《ウィー》 can《キャン》 eat《イート》 pizza《ピーツァ》.**
イタリアに行きましょう。　わたしたちはピザを食べることができます。

Yes《イエス》, let's《レッツ》.
ええ、そうしましょう。

せつめい

つたえる　人を行きたい場所にさそうときは、〈Let's go to＋場所.〉で、「〜に行きましょう。」と表します。そしてWe can 〜.を使い、「わたしたちは〜ができます。」とそこでできることを続けています。

こたえる　Let's 〜.に対しては、Yes, let's.（ええ、そうしましょう。）と答えています。

ききトリ 音声を聞き、英語の言葉を言いかえて、文を読んでみましょう。　トラック151〜156

「イタリアに行きましょう。ピザを食べることができます。」と伝えるとき

Let's go to Italy. We can eat pizza.

いいかえよう
□visit the Colosseum（コロセウムを訪《おとず》れる）
□buy delicious sweets（おいしいおかしを買う）

Yes, let's.

いいかえよう
□Good idea.（いい考えですね。）　□Sounds good.（いいですね。）

ワンポイント
Let'sはLet usを短くした形だけど、Let'sの形で覚えておこう。

これを知ったらワンダフル！
Let's 〜. に「いいえ。」と答えるときはNo, let's not. となり、「いいえ、やめておきましょう。」という意味になるよ。

「カナダに行きましょう。メープルシロップを買うことができます。」と伝えるとき

Let's go to Canada. We can buy maple syrup.

いいかえよう
□see the Northern lights（オーロラを見る）
□watch ice hockey games（アイスホッケーの試合を見る）

ぴったり 2

練習

学習日　　月　　日

？ぴったりクイズ　答えはこのページの下にあるよ！

名前がある川に由来していると言われている国は、どこか知っているかな？

教科書　94〜95 ページ

かきトリ　英語をなぞり、声に出してみましょう。

できたらチェック！　書く　話す

□コロセウムを訪れる

visit the Colosseum

□おいしいおかしを買う

buy delicious sweets

□いい考えですね。

Good idea.

□いいですね。

Sounds good.

□イタリアに行きましょう。

Let's go to Italy.

□わたしたちはピザを食べることができます。

We can eat pizza.

□ええ、そうしましょう

Yes, let's.

▶読み方が分からないときは、左ページにもどって音声を聞いてみましょう。

やりトリ　自分の行きたい国とそこでできることを書いて、声に出してみましょう。

できたらチェック！　書く　話す

Let's go to ＿＿＿＿＿＿.

We can ＿＿＿＿＿＿.

Yes, let's.

▶あてはめる英語は、左のページや付録の小冊子、教科書や辞書などから探してみよう！

つたえるコツ

行きたい国でできることとして、その国の有名なことについて言うと、その国へ行きたい理由が伝わりやすいよ。

練習ができたら、次は誰かに伝えてみよう！

ぴったりクイズの答え　答えはインドだよ。インダス川が国名の由来と言われているよ。

ぴったり1 準備

Unit 8 Let's go to Singapore. ③

学習日　月　日

めあて
行ってみたい国や、そこでできることを伝えることができるようになろう。

教科書 94～95 ページ

行きたい国やそこでできることの伝え方

ききトリ 単語の音声を聞いたあと、単語を言いかえて文を読んでみましょう。 トラック157～162

「インドに行きましょう。チャイを飲むことができます。」と伝えるとき

Let's go to India. We can drink chai .

いいかえよう

□drink chai
（チャイを飲む）

□visit the Taj Mahal
（タージ・マハルを訪《おとず》れる）

ワンポイント
Let'sの後ろには、動作を表す英語が続くよ。

「エジプトに行きましょう。ピラミッドを見ることができます。」と伝えるとき

Let's go to Egypt. We can see the pyramids .

いいかえよう

□see the pyramids
（ピラミッドを見る）

□see camels
（ラクダを見る）

ワンポイント
We canの後ろも、Let's～.の文と同じように、動作を表す英語が続くよ。

「ブラジルに行きましょう。サッカーの試合を見ることができます。」と伝えるとき

Let's go to Brazil. We can watch soccer games .

いいかえよう

□watch soccer games
（サッカーの試合を見る）

□enjoy the Rio Carnival
（リオのカーニバルを楽しむ）

これを知ったらワンダフル！
試合を観戦することを表す「見る」を言うときは、seeではなくwatchを使うよ。

ぴったり 2

練習

学習日　　月　　日

?ぴったりクイズ 答えはこのページの下にあるよ！

タージ・マハルやピラミッドなども登録されている「世界遺産《せかいいさん》」は、英語で何て言うか分かるかな？

教科書　94〜95 ページ

かきトリ　英語をなぞり、声に出してみましょう。

できたらチェック！　書く　話す

□チャイを飲む

drink chai

□タージ・マハルを訪れる

visit the Taj Mahal

□ピラミッドを見る

see the pyramids

□ラクダを見る

see camels

□サッカーの試合を見る

watch soccer games

□リオのカーニバルを楽しむ

enjoy the Rio Carnival

□インドに行きましょう。わたしたちはチャイを飲むことができます。

Let's go to India. We can drink chai.

▶読み方が分からないときは、左ページにもどって音声を聞いてみましょう。

やりトリ　自分の行きたい国とそこでできることを書いて、声に出してみましょう。

できたらチェック！　書く　話す

Let's go to ＿＿＿＿＿＿.

We can ＿＿＿＿＿＿.

Yes, let's.

▶あてはめる英語は、左のページや付録の小冊子、教科書や辞書などから探してみよう！

つたえるコツ

91ページとは違《ちが》う国で文を考えて、練習してみよう。

練習ができたら、次は誰かに伝えてみよう！

ぴったりクイズの答え　世界遺産は、英語でWorld Heritageと表すよ。worldは「世界」を表して、heritageは「遺産」を表しているよ。日本の世界遺産をしょうかいするときに使ってみよう。

ぴったり3

確かめのテスト

Unit 8
Let's go to Singapore.
①～③

時間 30 分

／100

合格 80 点

教科書 92～95 ページ　答え 15 ページ

1 音声の内容に合う絵を、下の㋐～㋒から選び、(　　)に記号を書きましょう。

トラック163

技能　1問5点(10点)

㋐

㋑

㋒

(1) (　　　　)　(2) (　　　　)

2 音声を聞いて、内容に合う絵を線で結びましょう。

トラック164

1問完答15点(45点)

(1)

Momoka

(2)

Kevin

(3)

Emma

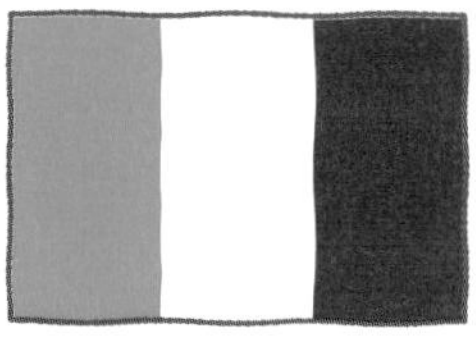

ふりかえり　❷が分からないときは、88, 90, 92ページにもどって確認《かくにん》してみよう。

3 日本文に合う英語の文になるように、［　］の中から語を選び、［　］に書き、文全体をなぞりましょう。２回使う語もあります。文の最初の文字は大文字で書きましょう。

1つ5点(25点)

(1) ニュージーランドに行きましょう。

［　　　］ go to New Zealand.

(2) わたしたちはラグビーの試合を見ることができます。

［　　　］［　　　］ watch rugby games.

(3) 〈(1)(2)に答えて〉ええ、そうしましょう。

［　　　］, ［　　　］.

can　　yes　　let's　　we

4 絵の中の男の子になったつもりで、みんなに向かって言ってみましょう。［　］の中から文を選び、［　］に書きましょう。

思考・判断・表現　1問10点(20点)

(1)

(2)

Let's go to China.　　We can see pandas.

Let's go to Kenya.　　We can see elephants.

この本の終わりにある「春のチャレンジテスト」をやってみよう！

この本の終わりにある「学力診断テスト」をやってみよう！

パズルにチャレンジ！

1 絵に合う英語を３つ見つけて〇でかこみましょう。

s	l	e	e	p	y	s	k
z	f	u	q	m	l	a	s
b	a	s	e	b	a	l	l
t	v	y	w	d	e	a	c
g	b	m	z	r	i	b	t
u	m	b	r	e	l	l	a

2 絵に合う英語になるように、□にアルファベットを書きましょう。

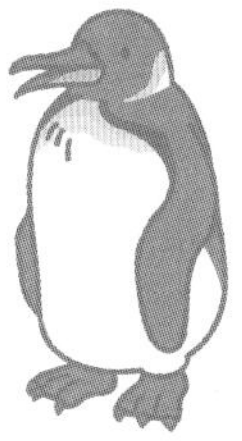

	p	□	n	g	□	i	n
				r			
				e			
				e			
t	r	i	a	□	□	l	e

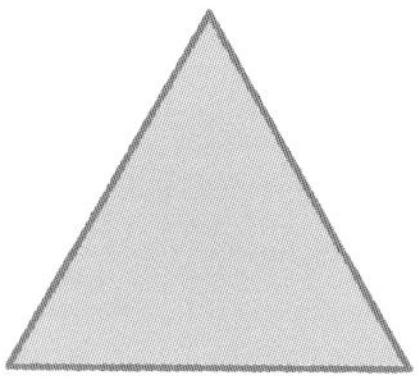

【こたえ】

1

s	l	e	e	p	y	s	k
z	f	u	q	m	l	a	s
b	a	s	e	b	a	l	l
t	v	y	w	d	e	a	c
g	b	m	z	r	i	b	t
u	m	b	r	e	l	l	a

2

	p	e	n	g	u	i	n
				r			
				e			
				e			
t	r	i	a	n	g	l	e

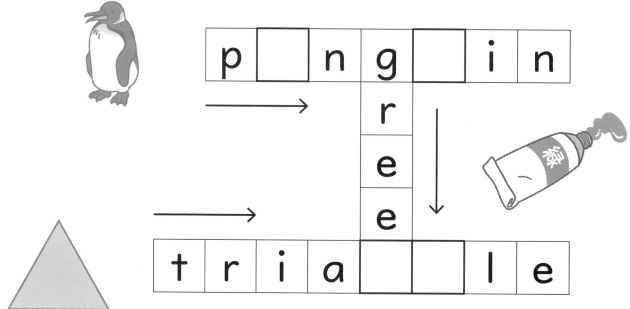

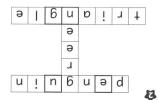

スピーキングにチャレンジ

スピーキングアプリ

このマークがあるページで、アプリを使うよ！

はじめに

- この章《しょう》は、ふろくの専用《せんよう》アプリ「ぴたトレスピーキング」を使用《しよう》して学習《がくしゅう》します。
  以下《いか》のストアから「ぴたトレスピーキング」と検索《けんさく》、ダウンロードしてください。

Google Play で手に入れよう　App Store からダウンロード

- 学習《がくしゅう》する学年をえらんだら、以下のアクセスコードを入力してご利用《りよう》ください。

426　※このアクセスコードは学年によって異なります。

- くわしい使い方は、アプリの中の「このアプリについて」をご確認《かくにん》ください。

アプリのせつめい

- このアプリでは、英語を話す練習ができます。
- 会話のときは、役になりきって、じっさいの会話のようにターンごとに練習することができます。
- スコアは「発音」「よくよう（アクセント）」をもとに判定《はんてい》されます。

スピーキング紙面のせつめい

はじめに　単語《たんご》の発音《はつおん》を練習《れんしゅう》しましょう。

① happy　② tired

単語の発音の練習をしましょう。

やりトリ　会話の練習をしましょう。

エミとケンタがあいさつをしています。アプリに音声をふきこんで、正しい発音を身につけましょう。

Hello. How are you?
こんにちは。お元気ですか。

I'm great, thank you.
とても元気です、ありがとうございます。

会話の練習をします。
どちらか一方になったつもりで話してみましょう。
一方が終わったら、もう一方のターンの練習もすることができます。

やりトリ　もう一度練習をしましょう。

アプリを使って、会話の練習をしましょう。80点がとれたら、今度は の言葉を自分で言いかえてみましょう。

Emi : Hello. How are you?
Kenta : I'm great, thank you.

・fine　・sleepy　・hungry

言いかえることのできる言葉を選《えら》んで、読んでみましょう。

※本サービスの内容により生じたトラブルや損害については、弊社では補償いたしかねます。また、お使いの端末や環境によっては、動作を保障できないものがあります。予めご了承の上、ご利用ください。
※本サービスは無料ですが、通信料・プロバイダ接続料はお客様負担となります。
※サービス内容等は予告なく変更することがございます。
●推奨環境　スマートフォン、タブレット等（iOS16以上/Android11以上）

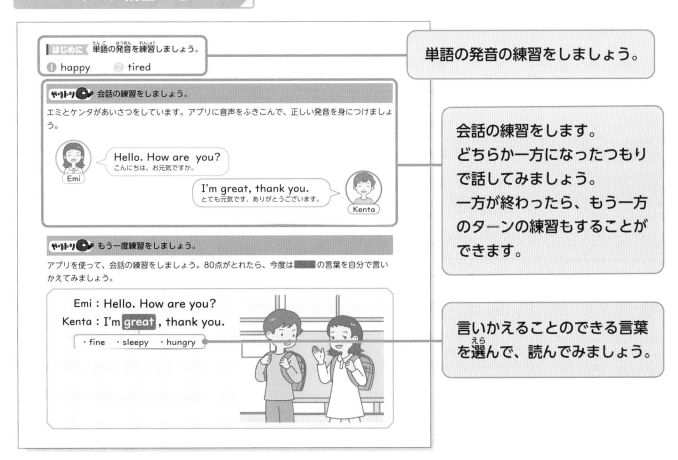

学習日　　月　　日

第1回 自己しょうかいをする

スピーキングアプリ

はじめに 単語の発音を練習しましょう。

1 white　　2 volleyball　　3 foxes

やりトリ 会話の練習をしましょう。

エミとケンタがお互いの名前と好きなものについて話しています。アプリに音声をふきこんで、正しい発音を身につけましょう。

How do you spell your name?
あなたはどのように名前をつづりますか。

K-E-N-T-A. Kenta.
K-E-N-T-A. ケンタです。

What sport do you like?
何のスポーツがすきですか。

I like tennis.
わたしはテニスがすきです。

やりトリ 発表の練習をしましょう。

教室で行われている発表について、エミになったつもりでアプリを使って練習してみましょう。
80点がとれたら、今度は■の言葉を自分で言いかえてみましょう。

Hello, my name is Emi. E-M-I.

I like **horses**.

・koalas　・foxes　・lions

I don't like **table tennis**.

・soccer　・badminton　・dodgeball

学習日　　月　　日

第2回　たん生日やほしいものをいう

スピーキングアプリ

はじめに　単語の発音を練習しましょう。

① February　② ruler　③ thirty　④ scissors

やりトリ　会話の練習をしましょう。

エミとケンタがたん生日について話しています。アプリに音声をふきこんで、正しい発音を身につけましょう。

Emi

When is your birthday?
あなたのたん生日はいつですか。

Kenta

My birthday is April 13th.
わたしのたん生日は4月13日です。

Emi

What do you want for your birthday?
あなたはたん生日になにがほしいのですか。

Kenta

I want a new watch.
わたしは新しいうで時計がほしいです。

やりトリ　発表の練習をしましょう。

教室で行われている発表について、エミになったつもりでアプリを使って練習してみましょう。80点がとれたら、今度は■の言葉を自分で言いかえてみましょう。

My birthday is August **22nd**.

・12th　・20th　・31st

I want **a white pencil case**.

・a blue cap　・a pink cup　・a black bike

学習日　　月　　日

第3回 できること/できないことを伝える

スピーキングアプリ

はじめに 単語の発音を練習しましょう。

① run　② turn　③ xylophone

やりトリ 会話の練習をしましょう。

エミとケンタがお互いのできることとできないことについて話しています。アプリに音声を吹き込んで、正しい発音を身につけましょう。

Emi

Can you swim fast?
あなたは速く泳ぐことができますか。

Kenta

Yes, I can. I can swim fast.
How about you?
はい、わたしは速く泳ぐことができます。あなたはどうですか。

Emi

I can't swim fast. Can you dance?
わたしは速く泳ぐことができません。
あなたはダンスをすることができますか。

Kenta

No, I can't. I can't dance.
いいえ、わたしはダンスをすることができません。

やりトリ 発表の練習をしましょう。

教室で行われている発表について、エミになったつもりでアプリを使って練習してみましょう。
80点がとれたら、今度は■の言葉を自分で言いかえてみましょう。

I like **music.**

・arts and crafts.　・P.E.　・home economics.

I can **play the piano**.

・draw pictures well　・run fast　・cook

I can't **ride a unicycle**.

・sing well　・play baseball　・ride a horse

学習日　　月　　日

第4回　身近な人をしょうかいする

スピーキングアプリ

はじめに 単語の発音を練習しましょう。

1 astronaut　　2 girl　　3 aunt

やりトリ 会話の練習をしましょう。

エミとケンタが、写真の人物について話しています。アプリに音声をふきこんで、正しい発音を身につけましょう。

Who is this?
こちらはどなたですか。

This is Hayato. He is my brother.
He is very active.
こちらははやとです。彼はわたしの兄です。彼はとても活動的です。

Can he play soccer well?
彼はサッカーを上手にすることができますか。

Yes, he can.
はい、できます。

やりトリ 発表の練習をしましょう。

エミが写真を見せながら発表しています。エミになったつもりでアプリを使って練習してみましょう。80点がとれたら、今度は■の言葉を自分で言いかえてみましょう。

This is Hana. She is my **sister**.

・friend　・cousin　・neighbor

She is **brave**.

・funny　・kind　・smart

She can **play the recorder**.

・cook curry　・sing the ABC song　・play *shogi*

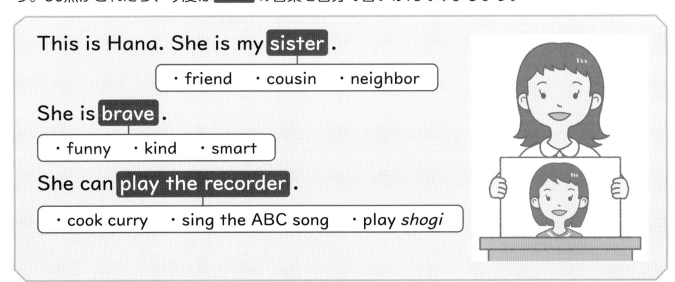

学習日　　月　　日

第5回 道案内をする

スピーキングアプリ

はじめに 単語の発音を練習しましょう。

1 library　　2 aquarium　　3 restaurant

やりトリ 会話の練習をしましょう。

エミとケンタが、街にあるものについて話しています。アプリに音声をふきこんで、正しい発音を身につけましょう。

Emi

What do you have in your town?
あなたの街にはなにがありますか。

Kenta

We have a famous castle.
有名なお城があります。

Emi

Where is the castle?
そのお城はどこですか。

Kenta

Go straight for three blocks.
You can see it on your right.
3つ角をまっすぐ行きます。右に見えます。

やりトリ 発表の練習をしましょう。

エミが道案内をしています。エミになったつもりでアプリを使って練習してみましょう。80点がとれたら、今度は■の言葉を自分で言いかえてみましょう。

We have a great **shrine** in our town.

・stadium　・temple　・aquarium

It's by the **hospital** .

・zoo　・museum　・station

Go straight for two blocks. You can see it on your **left** .

・right

学習日　　月　　日

第6回 レストランで注文をする

スピーキングアプリ

はじめに　単語の発音を練習しましょう。

1 noodles　　2 sour

やりトリ 会話の練習をしましょう。

ケンタがお店で注文をしています。アプリに音声をふきこんで、正しい発音を身につけましょう。

Ms. Parker

What would you like?
何になさいますか。

I'd like pizza, French fries, and mineral water. How much is it?
ピザと、ポテトフライと、ミネラルウォーターをお願いします。いくらですか。

Kenta

Ms. Parker

It's 980yen.
980円です。

やりトリ 発表の練習をしましょう。

エミが好きな食べ物について発表しています。エミになったつもりでアプリを使って練習してみましょう。80点がとれたら、今度は■の言葉を自分で言いかえてみましょう。

This is **a vegetable pizza** .

・ramen　・shaved ice　・cheese omelet

It's **spicy** .

・hot　・cold　・soft

It's **480** yen.

・500　・350　・830

学習日　　月　　日

第7回 あこがれの人をしょうかいする

スピーキングアプリ

はじめに 単語の発音を練習しましょう。

1 shy　　2 shoulder　　3 farmer

やりトリ 会話の練習をしましょう。

エミとケンタがあこがれの人について話しています。アプリに音声をふきこんで、正しい発音を身につけましょう。

Who is your hero?
あなたのヒーローはだれですか。

My hero is a famous singer.
She is good at singing
and playing the guitar.
わたしのヒーローは有名な歌手です。
彼女は歌うこととギターをひくことが得意です。

That's great.
それはすてきですね。

やりトリ 発表の練習をしましょう。

教室で行われている発表について、エミになったつもりでアプリを使って練習してみましょう。
80点がとれたら、今度は■の言葉を自分で言いかえてみましょう。

My hero is my father.

He is a teacher.

・a firefighter　・a writer　・a farmer

He is good at fishing.

・playing soccer　・speaking English　・swimming

He is great.

・amazing　・kind　・strong

夏のチャレンジテスト

教科書	8〜45ページ

月　　日

名前

時間 40分

知識・技能	思考・判断・表現	合格80点
/50	/50	/100

答え16〜17ページ

知識・技能

1 音声の内容に合う絵を下から選び、(　　)に記号を書きましょう。

トラック165　1問4点(8点)

㋐

Emma

㋑

Kevin

㋒

Kevin

(1)(　　　)　(2)(　　　)

2 会話の内容に合う絵を下から選び、(　　)に記号を書きましょう。

トラック166　1問4点(12点)

(1)　㋐ 6月17日　㋑ 7月17日　㋒ 8月17日

(2)　㋐

㋑

㋒

(3)　㋐

㋑

㋒

(1)(　　　)　(2)(　　　)　(3)(　　　)

(切り取り線)

思考・判断・表現

7

絵の中の女の子になったつもりで質問に答えましょう。グレーの部分はなぞり、□の中から正しい英語を選んで□に書きましょう。 1問5点(15点)

(1) What time do you eat breakfast?

I eat breakfast ＿＿＿＿＿＿.

(2) What time do you go home?

I go home ＿＿＿＿＿＿.

(3) What do you help at home?

I ＿＿＿＿＿＿.

at 7:00	take out the garbage
at 3:30	get the newspaper

(切り取り線)

8

日本文に合うように、グレーの部分はなぞり、□に英語を入れましょう。 1問5点(10点)

(1) わたしはいつも自分の部屋をそうじします。

I always ＿＿＿＿＿＿.

(2) わたしのたんじょう日は5月3日です。

My birthday is ＿＿＿＿＿＿.

5 絵を見て、その内容を示す英語を、［　］の中から選んで［　］に書きましょう。

1問5点（15点）

(1)

(2)

(3)

lunch　　Monday　　star

6 日本文に合うように、グレーの部分はなぞり、［　］の中から英語を選び、［　］に書きましょう。

1問完答で5点（15点）

(1) わたしはネコが好きです。

I ＿＿＿＿ cats.

(2) わたしは6時に宿題をします。

I ＿＿＿＿ my ＿＿＿＿ at 6:00.

(3) 私は木曜日に算数を勉強します。

I ＿＿＿＿ math on ＿＿＿＿.

do　　like　　study　　homework　　Thursday

（切り取り線）

3 音声を聞き、それぞれ家でどんな仕事をどれくらいしているかを線で結びましょう。

トラック167　1問完答で5点(15点)

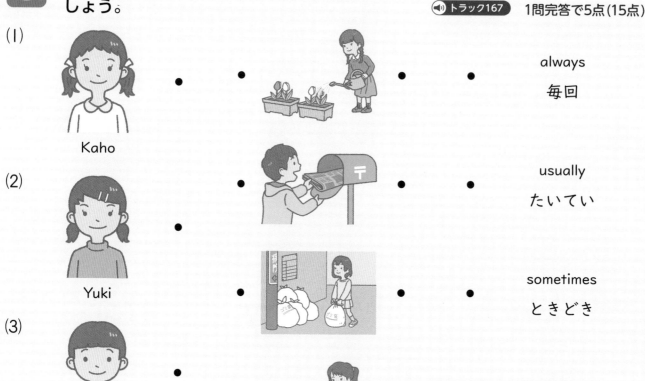

(1)

Kaho

(2)

Yuki

(3)

Riku

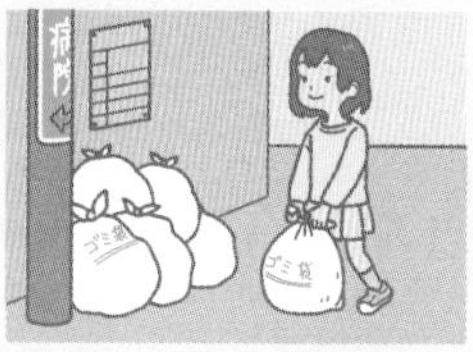

always
毎回

usually
たいてい

sometimes
ときどき

never
まったくしない

（切り取り線）

4 品物を見ながら話しているJimmyとSakuraの会話を聞いて、質問に日本語で答えましょう。

トラック168　1問5点(10点)

ほしい人にさしあげます！
ご自由にお持ちください。

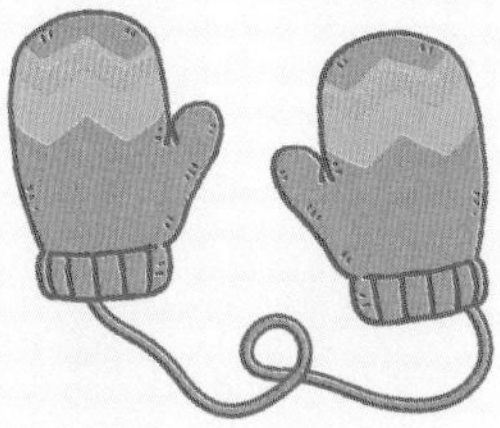

(1)　Sakuraのほしい物は何ですか。　(　　　　　　　　)

(2)　Jimmyの好きな色は何色ですか。　(　　　　　　　　)

うらにも問題があります。

冬のチャレンジテスト

教科書 46〜77ページ

月　日
名前

時間 40分

知識・技能	思考・判断・表現	合格80点
/50	/50	/100

答え18〜19ページ

知識・技能

1 音声の内容に合う絵を下から選び、(　　)に記号を書きましょう。

トラック169　1問4点(8点)

㋐

Ken

㋑

Momoka

㋒

(1)(　　　)　(2)(　　　)

2 会話の内容に合う絵を下から選び、(　　)に記号を書きましょう。

トラック170　1問4点(12点)

(1) ㋐

㋑

㋒

(2) ㋐

㋑

㋒

(3) ㋐

㋑

㋒

(1)(　　　)　(2)(　　　)　(3)(　　　)

(切り取り線)

7 絵の中の女の子になったつもりで、自分のきょうだいをしょうかいしましょう。グレーの部分はなぞり、[　]の中から正しい英語を選んで[　]に書きましょう。(2)と、(3)の最初の[　]には同じものが入ります。文の最初の文字は大文字で書きましょう。

1問完答で5点(15点)

(1) This is ＿＿＿＿＿＿ .

(2) ＿＿＿＿＿＿ Yumi.

(3) ＿＿＿＿＿＿ good at ＿＿＿＿＿＿ .

[he's　my brother　skating　she's　my sister]

（切り取り線）

8 日本文に合うように、グレーの部分はなぞり、[　]に英語を入れましょう。文の最初の文字は大文字で書きましょう。

1問5点(10点)

(1) エマはじょうずに泳ぐことができます。

Emma ＿＿＿＿＿＿ .

(2) イタリアに行きましょう。

＿＿＿＿＿＿ .

5 絵を見て、その内容を示す英語を、[ ]の中から選んで[ ]に書きましょう。

1問5点(15点)

(1) インド

(2)

(3)

cook　　India　　parents

6 日本文に合うように、グレーの部分はなぞり、[ ]の中から英語を選び、[ ]に書きましょう。

1問完答で5点(15点)

(1) この人はわたしの友だちです。

This is my ＿＿＿＿.

(2) わたしはスペインに行きたいです。

I want to ＿＿＿＿ to ＿＿＿＿.

(3) わたしたちはピザを食べることができます。

We ＿＿＿＿ ＿＿＿＿ pizza.

can　　go　　eat　　friend　　Spain

(切り取り線)

3 音声を聞き、それぞれのできることとできないことを線で結びましょう。

トラック171　1問完答で5点(15点)

(1)

Hana

(2)

Kevin

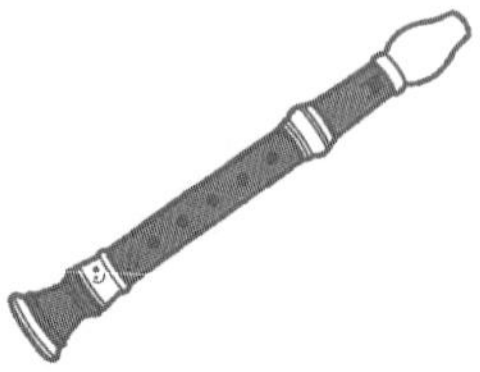

(3)

Yuki

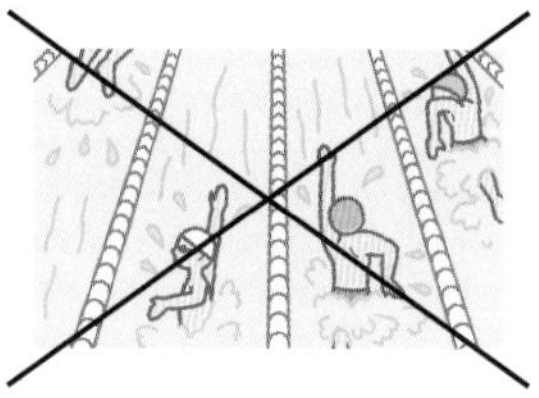

4 国旗のポスターを見ながら話しているJimmyとSakuraの会話を聞いて、質問に日本語で答えましょう。

トラック172　1問5点(10点)

国旗のイラスト

・アメリカ

・イギリス

・中国

・オーストラリア

(1)　Jimmyの行きたい国はどこですか。　(　　　　　)

(2)　Sakuraが行きたい国でしたいことは何ですか。

(　　　　　　　　　　　　)

（切り取り線）

うらにも問題があります。

春のチャレンジテスト

教科書 78～103ページ

月　日
名前

時間 40分

知識・技能	思考・判断・表現	合格80点
/50	/50	/100

答え20～21ページ

知識・技能

1 音声の内容に合う絵を下から選び、(　　)に記号を書きましょう。

トラック173　1問4点(8点)

㋐

㋑

㋒

(1)(　　)　(2)(　　)

2 会話の内容に合う絵を下から選び、(　　)に記号を書きましょう。

トラック174　1問4点(12点)

(1) ㋐

㋑
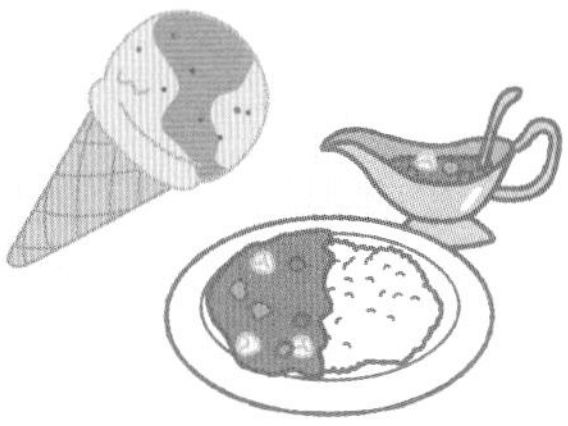

㋒

(2) ㋐

Girls' Lunch
570円

㋑

Girls' Lunch
580円

㋒

Girls' Lunch
590円

(3) ㋐
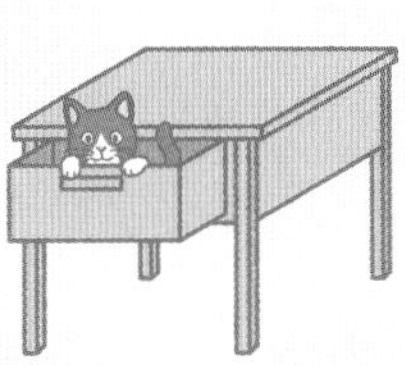

㋑
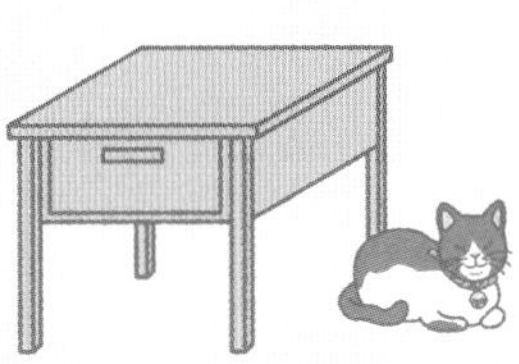

㋒

(1)(　　)　(2)(　　)　(3)(　　)

(切り取り線)

7

絵の中の女の子になったつもりで、彼女のオリジナルランチのしょうかいをしましょう。グレーの部分はなぞり、［　　］の中から正しい英語を選んで［　　］に書きましょう。

1問5点(15点)

ハッピーランチ
600円

(1) This is ＿＿＿＿＿＿＿＿ .

(2) It's ＿＿＿＿＿＿＿＿ yen.

(3) It's ＿＿＿＿＿＿＿＿ .

five hundred	six hundred
delicious	Happy Lunch
she's	my sister

8

日本文に合うように、グレーの部分はなぞり、［　　］に英語を入れましょう。文の最初の文字は大文字で書きましょう。

1問5点(10点)

(1) それはいくらですか。

＿＿＿＿＿＿＿＿ is it?

(2) 銀行で左に曲がってください。

＿＿＿＿＿＿＿＿ at the bank.

(切り取り線)

5 絵を見て、その内容を示す英語を、[ ]の中から選んで[ ]に書きましょう。

1問5点（15点）

(1)

(2)

(3)

healthy　　chair　　student

6 日本文に合うように、グレーの部分はなぞり、[ ]の中から英語を選び、[ ]に書きましょう。文の最初の文字は大文字で書きましょう。

1問完答で5点（15点）

(1) わたしの赤いぼうしはどこですか。

_____ my red cap?

(2) 【料理の注文で】何になさいますか。

_____ would you _____?

(3) まっすぐに行ってください。

_____ _____.

like　　straight　　what　　where's　　go

（切り取り線）

思考・判断・表現

3 次の絵はあなたの部屋です。次の質問を聞き、正しい英文を[　　]から選んで(1)～(3)に記号で書きましょう。

トラック175　1問5点(15点)

㋐ It's on the chair.

㋑ It's under the desk.

㋒ It's in the bag.

(1)(　　　　)　(2)(　　　　)　(3)(　　　　)

(切り取り線)

4 地図を見て、道をたずねた女の人とそれに答える男の子の会話を聞き、下の質問に日本語で答えましょう。

トラック176　1問完答で5点(10点)

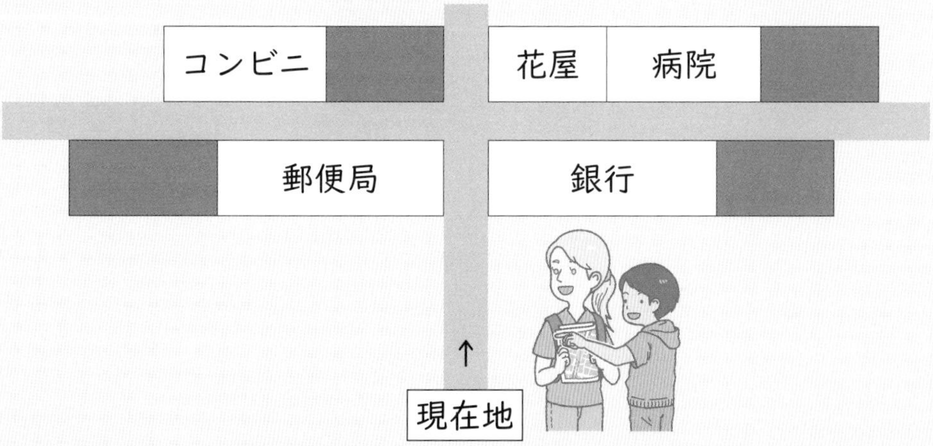

(1)　女の人は何がほしくてどこへ行きたいのですか。

(　　　　　　　　)がほしくて(　　　　　　　　)へ行きたい。

(2)　それは何のとなりだと男の子は答えましたか。

(　　　　　　　　　　　　　　　　)

うらにも問題があります。

5年 英語のまとめ

学力診《しん》断《だん》テスト

月　　日

名前

時間 40分

知識・技能	思考・判断・表現	合格80点
/50	/50	/100

答え22〜23ページ

知識・技能

1 音声の内容に合う絵を下から選び、（　　）に記号を書きましょう。

トラック177　1問4点（8点）

㋐

㋑

㋒

12月

(1)（　　）　(2)（　　）

2 会話の内容に合う絵を下から選び、（　　）に記号を書きましょう。

トラック178　1問4点（12点）

(1) ㋐

㋑

㋒

(2) ㋐

㋑

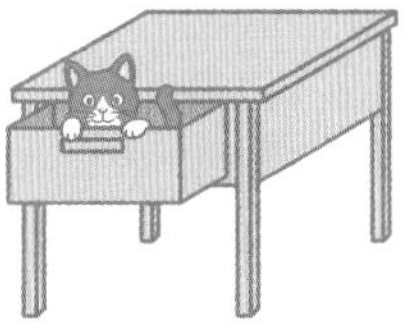

㋒

(3) ㋐

㋑

㋒

(1)（　　）　(2)（　　）　(3)（　　）

（切り取り線）

7 絵の中の男の子になったつもりで自己しょうかいをしましょう。グレーの部分はなぞり、[　]の中から正しい英語を選んで[　]に書きましょう。

1問5点（15点）

(1) Hi, [　　　　　　　　].

(2) I [　　　　　　　　].

(3) [　　　　　　　　].

I'm good at playing tennis　　I'm Riku
can swim　　can run fast

8 日本文に合うように、グレーの部分はなぞり、[　]に英語を入れましょう。文の最初の文字は大文字で書きましょう。

1問5点（10点）

(1) わたしはじょうずにおどることができません。

[　　　　　　　　] well.

(2) あなたはどこへ行きたいですか。

[　　　　　　　　] to go?

（切り取り線）

5 絵を見て、その内容を示す英語を、［　　］の中から選んで［　　］に書きましょう。

1問5点（15点）

(1)

(2)

(3)

Wednesday　guitar　Tuesday

6 日本文に合うように、グレーの部分はなぞり、［　　］の中から英語を選び，［　　］に書きましょう。文の最初の文字は大文字で書きましょう。

1問完答で5点（15点）

(1) わたしはたいてい食卓《しょくたく》の用意をします。

I ［　　］ set the table.

(2) わたしはピザを食べたいです。

I ［　　］ to ［　　］ pizza.

(3) カナダに行きましょう。

［　　］ ［　　］ to Canada.

go　eat　let's　usually　want

（切り取り線）

3 音声を聞き、それぞれの好きな教科と得意なことを線で結びましょう。

トラック179　1問完答で5点（15点）

(1)

Taiga

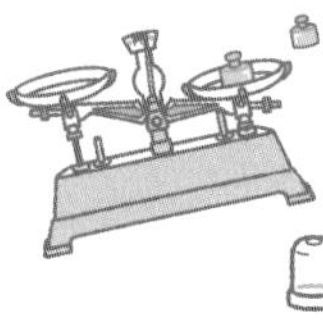

(2)

Keiko

(3)

Kevin

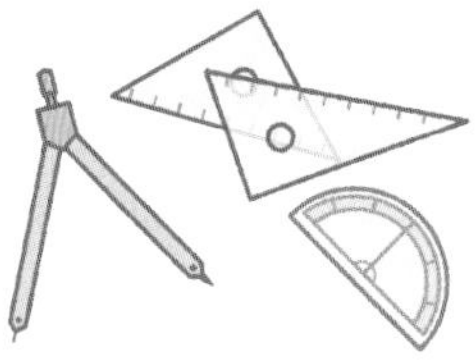

（切り取り線）

4 ポスターを見ながら案内を聞き、下の質問に日本語で答えましょう。

トラック180　1問5点（10点）

School Camp

September 15-17
arts and crafts
calligraphy
cooking
sports & dancing
speaking English

(1) 何のスポーツが楽しめますか。3つ答えましょう。

（　　　　　　　　　　　　　　　　　　　　　　　　　　）

(2) 昼食には何を作りますか。

（　　　　　　　　　　　　　　）

うらにも問題があります。

この「丸つけラクラク解答」は
とりはずしてお使《つか》いください。

教科書ぴったりトレーニング

丸つけラクラク解答

啓林館版
英語5年

「丸つけラクラク解答」では問題《もんだい》と同じ紙面《しめん》に、赤字で答えを書いています。

①問題がとけたら、まずは答え合わせをしましょう。

②まちがえた問題やわからなかった問題は、てびきを読んだり、教科書を読み返したりしてもう一度《いちど》見直しましょう。

おうちのかたへ では、次のようなものを示しています。

- 学習のねらいやポイント
- 他の学年や他の単元の学習内容とのつながり
- まちがいやすいことやつまずきやすいところ

お子様への説明や、学習内容の把握などにご活用ください。

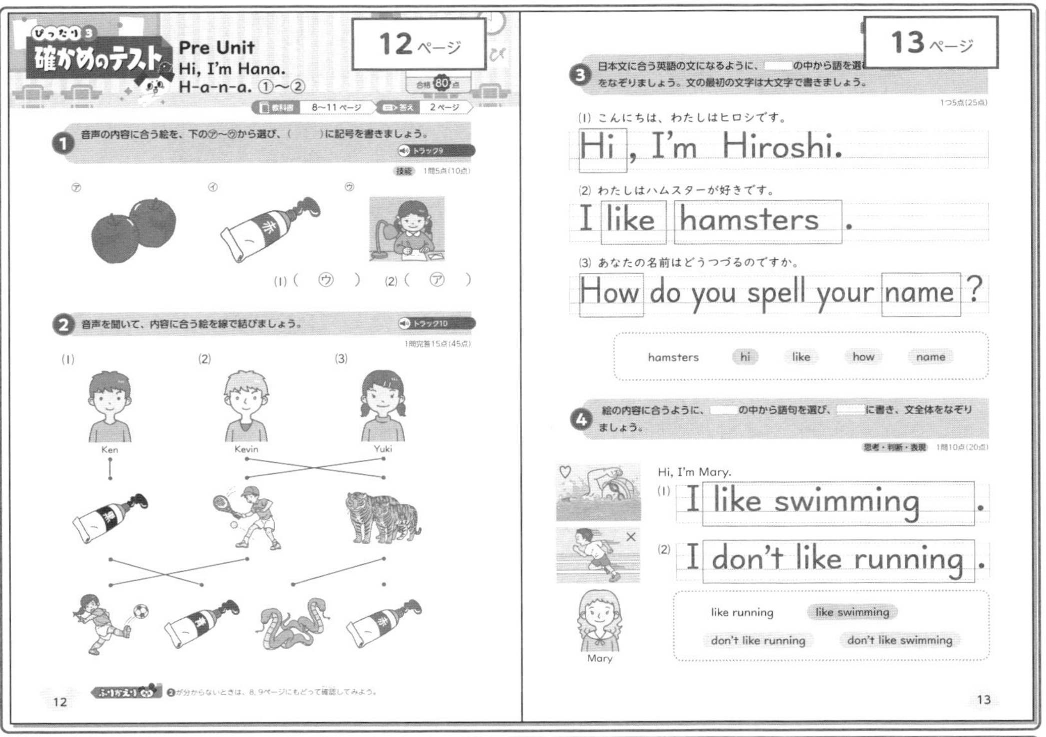

12ページ

ぴったり3 確かめのテスト Pre Unit Hi, I'm Hana. H-a-n-a. ①〜②

教科書 8〜11ページ　答え 2ページ

1 音声の内容に合う絵を、下の㋐〜㋒から選び、（　）に記号を書きましょう。

(1)（ ㋒ ）　(2)（ ㋐ ）

2 音声を聞いて、内容に合う絵を線で結びましょう。

(1) Ken　(2) Kevin　(3) Yuki

13ページ

3 日本文に合う英語の文になるように、　の中から語を選んでなぞりましょう。文の最初の文字は大文字で書きましょう。

(1) こんにちは、わたしはヒロシです。

Hi, I'm Hiroshi.

(2) わたしはハムスターが好きです。

I like hamsters.

(3) あなたの名前はどうつづるのですか。

How do you spell your name?

hamsters　hi　like　how　name

4 絵の内容に合うように、　の中から語句を選び、　に書き、文全体をなぞりましょう。

Hi, I'm Mary.

(1) I like swimming.

(2) I don't like running.

like running　like swimming　don't like running　don't like swimming

Mary

2 I like 〜で自分の好きなもの、I don't like 〜で自分の好きではないものを伝えています。

(1) ケンは黒が好きで、青が好きではないと言っています。

(2) ケビンはトラが好きで、ヘビが好きではないと言っています。

(3) ユキはテニスが好きで、サッカーが好きではないと言っています。

3 (1) 文の初めが大文字になることを忘れないようにしましょう。「こんにちは」はHiで表します。

(3) ここも文の初めなので最初の文字は大文字です。「どう」→「どのように」はHowです。

4 (1)(2)絵を見ると泳ぐことに♡、走ることに×があるので、I に続くのは like swimming、don't like runningとなります。swimもrunもing形のときは最後の文字を重ねることに注意！

読まれる英語

1 (1) spell
(2) apples

2 (1)ケン：Hi, I'm Ken. I like black.
I don't like blue.
(2)ケビン：Hi, I'm Kevin. I like tigers.
I don't like snakes.
(3)ユキ：Hi, I'm Yuki. I like tennis.
I don't like soccer.

おうちのかたへ

このUnitでは、あいさつと名前のつづりの答え方、自分の好きなものと好きでないものを伝える表現の練習をしました。How do you spell your name?と質問して、つづりを答える練習をしてみてください。

見やすい答え

くわしいてびき

おうちのかたへ

読まれる英語

※紙面はイメージです。

12ページ

ぴったり3 確かめのテスト

Pre Unit
Hi, I'm Hana.
H-a-n-a. ①〜②

合格 80 点

教科書 8〜11ページ　答え 2ページ

1 音声の内容に合う絵を、下の㋐〜㋒から選び、(　　)に記号を書きましょう。

トラック9　技能 1問5点(10点)

㋐　㋑　㋒

(1) (㋒)　(2) (㋐)

2 音声を聞いて、内容に合う絵を線で結びましょう。

トラック10　1問完答15点(45点)

(1)　(2)　(3)

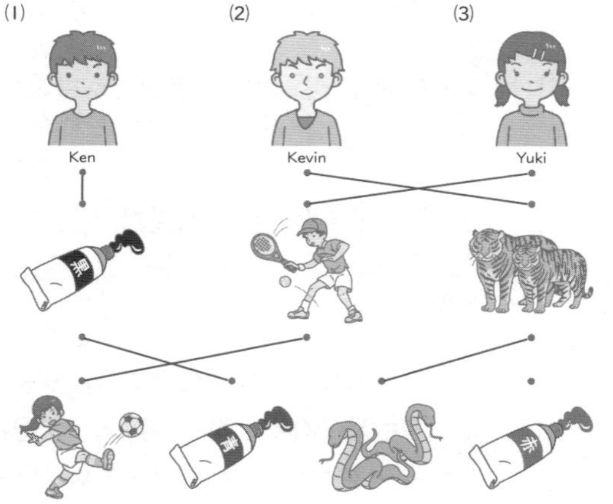

ふりかえり　❷が分からないときは、8, 9ページにもどって確認《かくにん》してみよう。

13ページ

3 日本文に合う英語の文になるように、　　の中から語を選び、をなぞりましょう。文の最初の文字は大文字で書きましょう。

1つ5点(25点)

(1) こんにちは、わたしはヒロシです。

Hi, I'm Hiroshi.

(2) わたしはハムスターが好きです。

I like hamsters.

(3) あなたの名前はどうつづるのですか。

How do you spell your name?

hamsters　hi　like　how　name

4 絵の内容に合うように、　　の中から語句を選び、　　に書き、文全体をなぞりましょう。

思考・判断・表現 1問10点(20点)

Hi, I'm Mary.

(1) I like swimming.

(2) I don't like running.

like running　like swimming
don't like running　don't like swimming

読まれる英語

1 (1) spell
(2) apples

2 (1)ケン：Hi, I'm Ken.　I like black.
I don't like blue.
(2)ケビン：Hi, I'm Kevin.　I like tigers.
I don't like snakes.
(3)ユキ：Hi, I'm Yuki.　I like tennis.
I don't like soccer.

おうちのかたへ

このUnitでは、あいさつと名前のつづりの答え方、自分の好きなものと好きでないものを伝える表現の練習をしました。How do you spell your name?と質問して、つづりを答える練習をしてみてください。

2 I like 〜で自分の好きなもの、I don't like 〜で自分の好きではないものを伝えています。

(1) ケンは黒が好きで、青が好きではないと言っています。

(2) ケビンはトラが好きで、ヘビが好きではないと言っています。

(3) ユキはテニスが好きで、サッカーが好きではないと言っています。

3 (1)　文の初めが大文字になることを忘れないようにしましょう。「こんにちは」はHiで表します。

(3) ここも文の初めなので最初の文字は大文字です。「どう」→「どのように」はHowです。

4 (1)(2)絵を見ると泳ぐことに♡、走ることに×があるので、I に続くのはlike swimming、don't like runningとなります。swimもrunもing形のときは最後の文字を重ねることに注意！

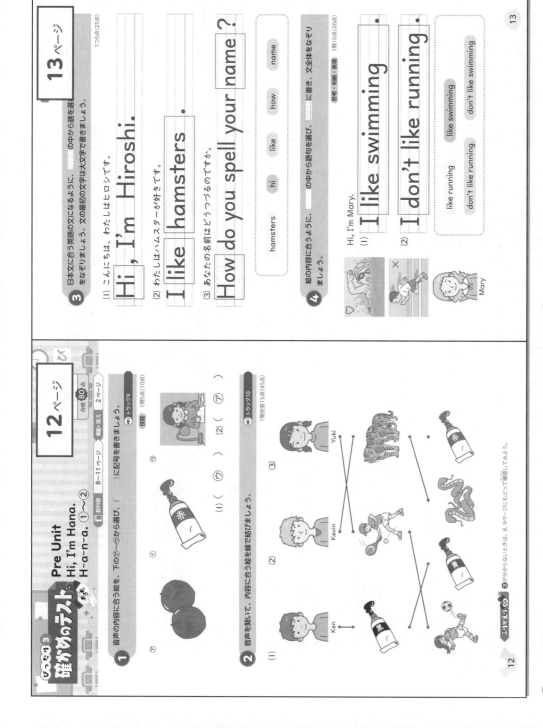

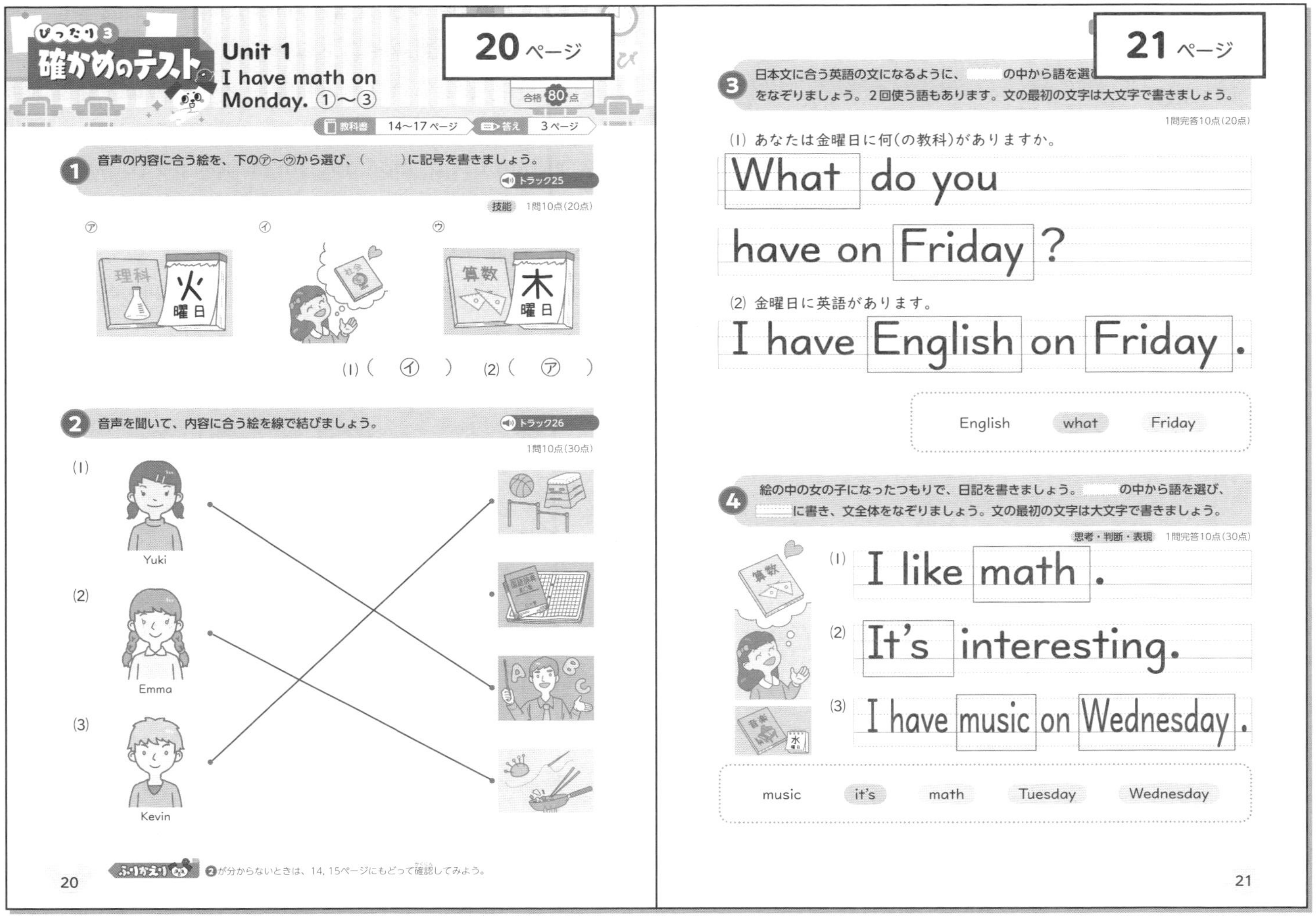
ぴったり3
確かめのテスト
Unit 1
I have math on Monday. ①〜③
20ページ
合格80点
教科書 14〜17ページ
答え 3ページ
1 音声の内容に合う絵を、下の㋐〜㋒から選び、(　)に記号を書きましょう。
トラック25
技能 1問10点(20点)
㋐ 理科 火曜日
㋑
㋒ 算数 木曜日
(1)(㋑) (2)(㋐)
2 音声を聞いて、内容に合う絵を線で結びましょう。
トラック26
1問10点(30点)
(1) Yuki
(2) Emma
(3) Kevin
20
ふりかえり 2が分からないときは、14、15ページにもどって確認してみよう。
21ページ
3 日本文に合う英語の文になるように、　の中から語を選び、　をなぞりましょう。2回使う語もあります。文の最初の文字は大文字で書きましょう。
1問完答10点(20点)
(1) あなたは金曜日に何(の教科)がありますか。
What do you have on Friday ?
(2) 金曜日に英語があります。
I have English on Friday .
English what Friday
4 絵の中の女の子になったつもりで、日記を書きましょう。　の中から語を選び、　に書き、文全体をなぞりましょう。文の最初の文字は大文字で書きましょう。
思考・判断・表現 1問完答10点(30点)
(1) I like math .
(2) It's interesting.
(3) I have music on Wednesday .
music it's math Tuesday Wednesday
21

1 絵をよく見て、音声をしっかり聞き取り、正しいものを選びましょう。

2 (1)(2)「何の教科が好きですか。」と聞かれ、ユキは「英語」、エマは「家庭科」と答えています。
(3) ケビンは「体育」が好きで、「それは楽しいです。」と伝えています。

3 教科や曜日のつづりを確認《かくにん》しながら書きましょう。特に長い語には気をつけて、書き終わったら必ず見直しをしましょう。

4 (1) 算数はmathです。
(2) It'sはIt isを短くした形です。
(2) 音楽はmusicです。〈on＋曜日〉で「〜曜日に」を表します。Wednesdayは発音されないdをふくむdneのつづりに注意しましょう。

読まれる英語

1 (1)I like social studies very much.
(2) I have science on Tuesday.

2 (1)スミス先生：What subject do you like, Yuki?
ユキ：I like English very much.
(2)スミス先生：What subject do you like, Emma?
エマ：I like home economics.
(3)ケビン：I'm Kevin. I like P.E. It's fun.

おうちのかたへ

このUnitでは、好きな教科とそれを好きな理由、また何曜日に何の教科を勉強するかについてのやりとりを学びました。確かめのテストでは短い日記として「書くこと」も扱っています。

お子さんが、時間割を見ながら翌日の授業に必要な教科書を準備しているときなどに、〈What do you have on＋曜日?〉「あなたは○曜日に何がありますか。」、〈What subject do you like?〉「あなたは何の教科が好きですか。」などを英語できいてみてください。 日々のコミュニケーションに英語を取り入れ、英語に慣れることがとても大切です。

ぴったり3 確かめのテスト

Unit 2 My birthday is May 25th. ①〜③

合格80点

教科書 24〜29ページ　答え 4ページ

1 音声の内容に合う絵を、下の㋐〜㋒から選び、（　）に記号を書きましょう。 トラック39

技能 1問5点(10点)

㋐ ㋑ ㋒

(1)（ ㋑ ）　(2)（ ㋒ ）

2 音声を聞いて、内容に合う絵を線で結びましょう。 トラック40

1問完答15点(45点)

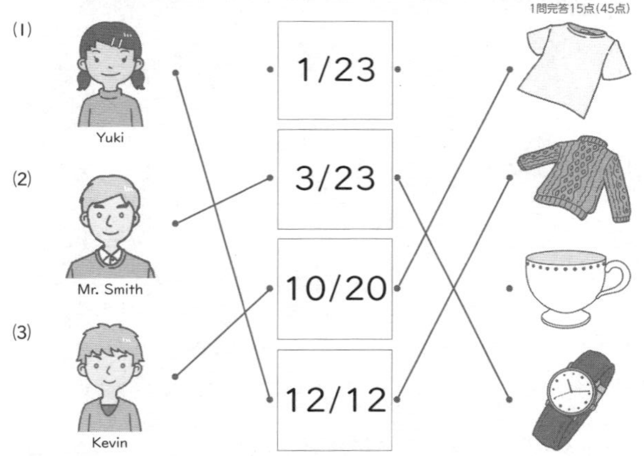

ふりかえり ❷が分からないときは、22, 24, 26ページにもどって確認《かくにん》してみよう。

3 日本文に合う英語の文になるように、　　の中から語を選び、　　をなぞりましょう。2回使う語もあります。文の最初の文字は大文字で書きましょう。

1つ5点(25点)

(1) あなたの誕生日《たんじょうび》はいつですか。

When's your birthday?

(2) わたしの誕生日は8月1日です。

My birthday is August 1st.

(3) わたしの誕生日は7月13日です。

My birthday is July 13th.

birthday　when's　August　July

4 絵の中の男の子になったつもりで、質問に答えましょう。　　の中から語句を選び、　　に書き、文全体をなぞりましょう。

思考・判断・表現 1問10点(20点)

When's your birthday?

(1) My birthday is April 5th.

What do you want for your birthday?

(2) I want a new cap.

March 5th　a new cap　April 5th　a new cup

1 (1) My birthday is ～. で「わたしの誕生日《たんじょうび》は～です。」を表します。May ninthは「5月9日」です。ninthの発音とつづりに注意しましょう。

(2) What do you want for your birthday?は「あなたは誕生日に何がほしいですか。」です。

2 それぞれ誕生日と誕生日にほしいものを伝えています。I want ～. は「わたしは～がほしいです。」という意味です。(1)ユキは12月12日生まれで、ほしいものはセーターです。(2)スミス先生は3月23日生まれで、ほしいものはうで時計です。(3)ケビンは10月20日生まれで、ほしいものはTシャツです。

3 「～はいつですか。」はWhen's ～? で表すことができます。When'sはWhen isを短くした形です。

読まれる英語

1 (1)男の子：My birthday is May ninth.

(2)女の子：What do you want for your birthday?

男の子：I want an umbrella.

2 (1)ユキ：I'm Yuki.　My birthday is December 12th.

I want a sweater for my birthday.

(2)ユキ：When is your birthday, Mr. Smith?

スミス先生：My birthday is March 23rd.

ユキ：What do you want for your birthday?

スミス先生：I want a watch.

(3)ケビン：I'm Kevin.　My birthday is October 20th.

I want a T-shirt for my birthday.

おうちのかたへ

このUnitでは、月や誕生日、誕生日に欲しいものについてのやりとりを扱いました。

カレンダーを見ながら、お子さんにWhen's your birthday?やWhat do you want for your birthday?ときいてみてください。また、お子さんが答えるだけでなく、お子さんから質問してもらい、おうちのかたが答えるという練習を行うと、より効果的です。

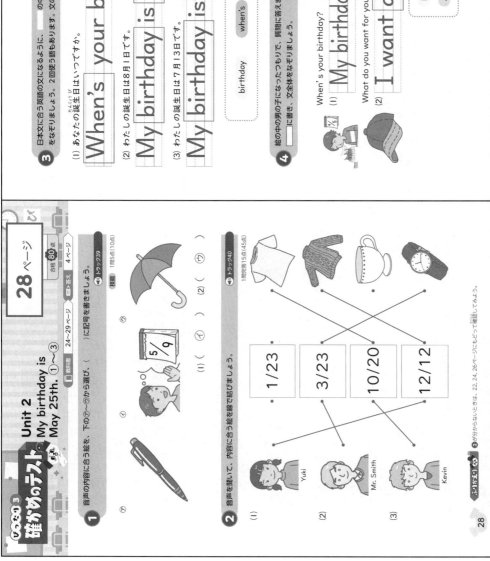

34ページ

ぴったり3 確かめのテスト
Unit 3
I get up at 7:00. ①～②

合格80点

教科書 34～35ページ　答え 5ページ

❶ 音声の内容に合う絵を、下の㋐～㋒から選び、（　　）に記号を書きましょう。 トラック49

技能 1問10点(20点)

(1)（ ㋒ ）　(2)（ ㋐ ）

❷ 音声を聞いて、内容に合う絵を線で結びましょう。 トラック50

1問10点(30点)

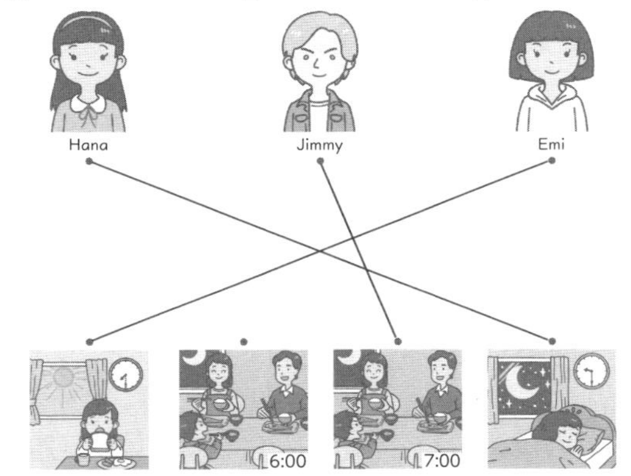

ふりかえり ❷が分からないときは、30、32ページにもどって確認してみよう。

34

35ページ

❸ 日本文に合う英語の文になるように、　　の中から語を選び、をなぞりましょう。2回使う語もあります。

1つ5点(30点)

(1) あなたは何時に宿題をしますか。

What time do you do your homework?

(2) わたしは5時半に宿題をします。

I do my homework at 5:30.

(3) わたしは8時に寝《ね》ます。

I go to bed at 8:00.

bed　go　time　your　at　my

❹ 日本文に合う英語の文になるように、　　の中から語句を選び、□に書き、文全体をなぞりましょう。2回使う語句もあります。文の最初は大文字で書きましょう。

思考・判断・表現 各文完答で10点(20点)

(1) あなたは何時に家に帰りますか。

What time do you get home?

(2) わたしは4時半に家に帰ります。

I get home at 4:30.

get home　what time

35

読まれる英語

❶ (1)I brush my teeth at seven.

(2)男の子：What time do you get up?

女の子：I get up at six.

❷ (1)ハナ：I'm Hana. I go to bed at nine thirty.

(2)ジミー：I'm Jimmy. I eat dinner at seven.

(3)男の子：What time do you eat breakfast, Emi?

エミ：I eat breakfast at seven thirty.

おうちのかたへ

ここでは、何時に何をするかのやりとりについて学びました。確かめのテストでは、時間を正しく聞き取れているかを問題にしています。

お子さんに、朝起きてから寝るまでのいろいろな活動の時間をWhat time do you ～?と言ってきいてみてください。また、お子さんに質問してもらい、答える…というやりとりもしてみてください。

❶ (1) brush my teethは「(自分の)歯をみがく」という意味です。

(2) What time do you ～?は「あなたは何時に～しますか。」という意味を表します。 get up at ～は「～時に起きる」という意味です。女の子は何時に起きるかをきかれて、6時と答えています。

❷ (1) go to bedは「寝《ね》る」です。

(2) eat dinnerは「夕食を食べる」、at sevenは「7時に」です。

(3) eat breakfastは「朝食を食べる」です。エミは何時に朝食を食べるかをきかれて、7時半と答えています。

❸ (1)「宿題をしますか」と聞くときはdo your homeworkで、自分が答えるときはdo my homeworkとなります。「～時に」はatで表します。

❹ get homeは「家に帰る」という意味です。

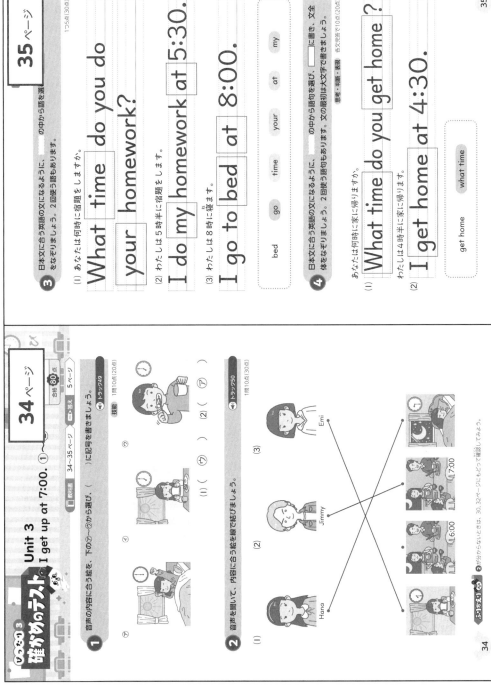

40 ページ

ぴったり3 確かめのテスト

Unit 3
I get up at 7:00. ③〜⑥

合格80点

教科書 36〜39ページ　答え 6ページ

1 音声の内容に合う絵を、下の㋐〜㋒から選び、(　　)に記号を書きましょう。　トラック59

技能　1問10点(20点)

㋐　㋑　㋒

(1) (㋐)　(2) (㋒)

2 音声を聞いて、内容に合う絵を線で結びましょう。　トラック60

1問10点(30点)

(1)　(2)　(3)

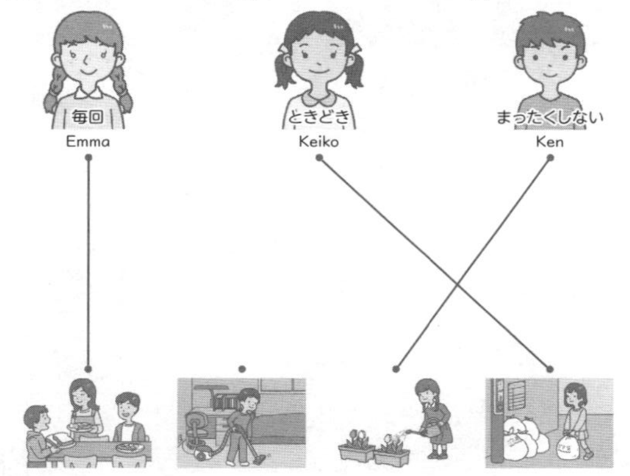

ふりかえり　2が分からないときは、36、38ページにもどって確認してみよう。

41 ページ

3 日本文に合う英語の文になるように、　　の中から語を選び、をなぞりましょう。文の最初の文字は大文字で書きましょう。

1つ5点(30点)

(1) わたしは放課後に犬を散歩に連れていきます。

After school I walk the dog.

(2) それからわたしは宿題をします。

Then I do my homework.

(3) わたしはいつも自分の部屋をそうじします。

I always clean my room.

clean　always　walk　then　after　do

4 日本文に合う英語の文になるように、　　の中から語句を選び、□に書き、文全体をなぞりましょう。文の最初は大文字で書きましょう。

思考・判断・表現　1問10点(20点)

あなたは家で手伝いをしますか。

(1) Do you help at home ?

いいえ、しません。

(2) No, I don't .

yes, I do　no, I don't
help at home　set the table

この本の終わりにある「夏のチャレンジテスト」をやってみよう！

読まれる英語

1 (1)After school I always do my homework.
(2)I never wash the dishes.

2 (1)エマ：I'm Emma. I always set the table.
(2)男の子：Do you help at home, Keiko?
ケイコ：Yes, I do. I sometimes take out the garbage.
(3)ケン：I'm Ken. I never water the flowers.

おうちのかたへ

ここでは、家事をどのくらいの頻度でするか、そして一日の過ごし方を伝えることを学びました。
お子さんに、家での仕事について、どのくらいの頻度で行うか、またthenを使ってその次にすることなどを言ってもらってみてください。

1 (1) alwaysは「いつも」、do my homeworkは「宿題をする」という意味です。
(2) neverは「まったくしない」、wash the dishesは「食器を洗《あら》う」という意味です。

2 (1) エマは always「毎回」、set the table「食卓《しょくたく》の用意をする」と言っています。
(2) Do you help at home?で、家で手伝いをするかを質問され、ケイコはsometimes「ときどき」、take out the garbage「ごみを出す」と答えています。
(3) ケンは never water the flowers「まったく花に水をやらない」と言っています。

3 (1)「放課後」はafter schoolです。文の最初なので大文字のAから始めましょう。
(2)「それから」はthenです。大文字のTから始めます。

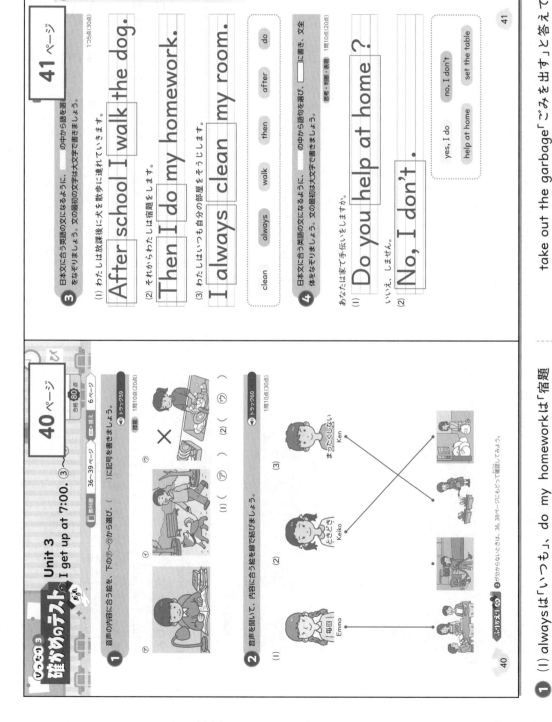

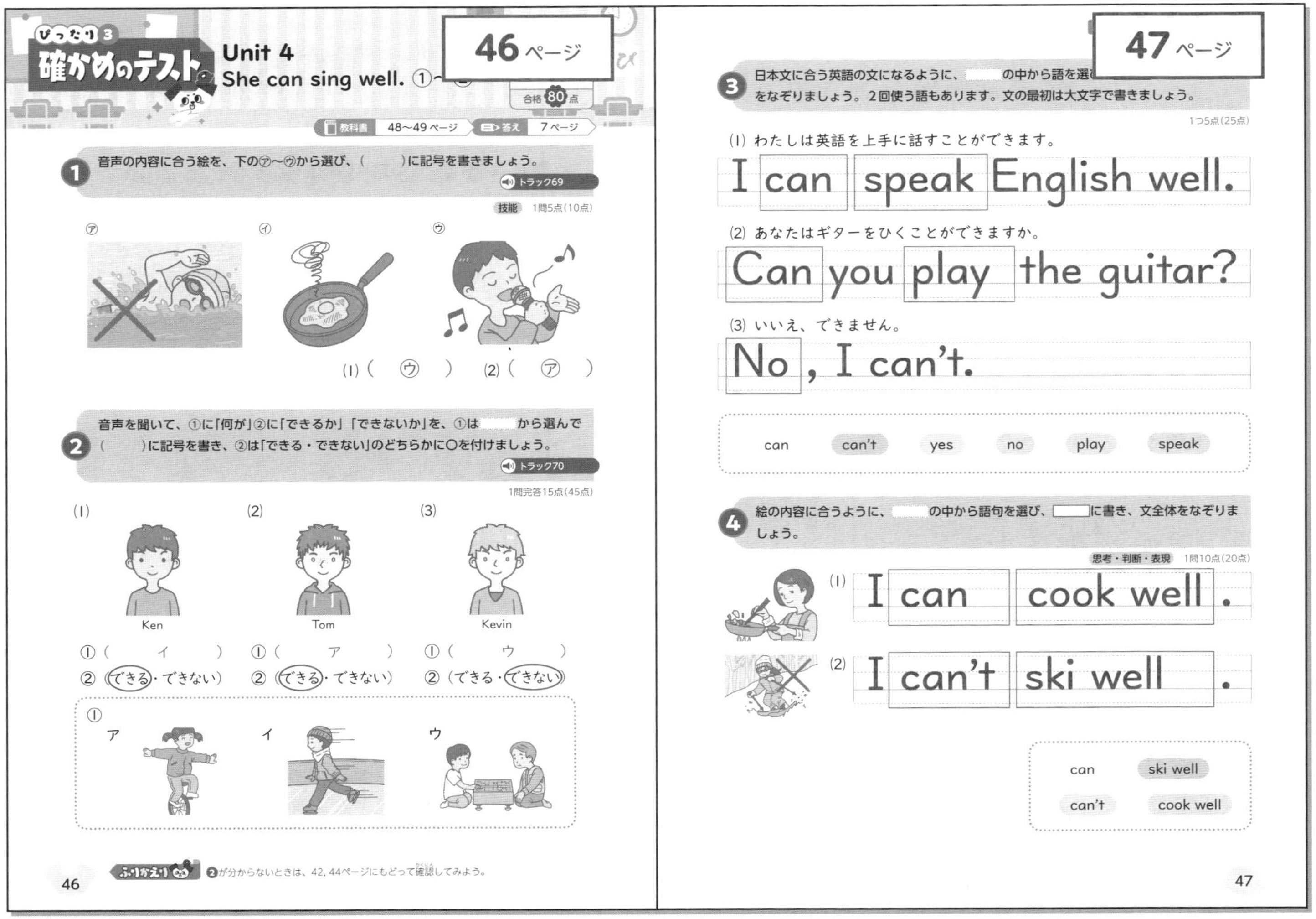
ぴったり3 確かめのテスト
Unit 4
She can sing well. ①〜②

46ページ

合格80点

教科書 48〜49ページ　答え 7ページ

1 音声の内容に合う絵を、下の㋐〜㋒から選び、(　　)に記号を書きましょう。　トラック69

技能　1問5点(10点)

㋐　㋑　㋒

(1)(㋒)　(2)(㋐)

2 音声を聞いて、①に「何が」②に「できるか」「できないか」を、①は　　から選んで(　　)に記号を書き、②は「できる・できない」のどちらかに○を付けましょう。　トラック70

1問完答15点(45点)

(1) Ken
①(イ)
②((できる)・できない)

(2) Tom
①(ア)
②((できる)・できない)

(3) Kevin
①(ウ)
②(できる・(できない))

①
ア　イ　ウ

ふりかえり ❷が分からないときは、42, 44ページにもどって確認してみよう。

46

47ページ

3 日本文に合う英語の文になるように、　　の中から語を選び　をなぞりましょう。2回使う語もあります。文の最初は大文字で書きましょう。

1つ5点(25点)

(1) わたしは英語を上手に話すことができます。
I can speak English well.

(2) あなたはギターをひくことができますか。
Can you play the guitar?

(3) いいえ、できません。
No, I can't.

can　can't　yes　no　play　speak

4 絵の内容に合うように、　　の中から語句を選び、□に書き、文全体をなぞりましょう。

思考・判断・表現　1問10点(20点)

(1) I can cook well.

(2) I can't ski well.

can　ski well
can't　cook well

47

読まれる英語

❶ (1)男の子：I can sing well.

(2)男の子：I can't swim.

❷ (1)ケン：Hi! I'm Ken. I can skate.

(2)トム：I'm Tom. I can ride a unicycle.

(3)女の子：Kevin, can you play *shogi*?

ケビン：No, I can't.

おうちのかたへ

ここでは、自分と相手ができることとできないことについてのやりとりについて学びました。
can, can'tの聞き取りができているか、確認してあげてください。また、Can you ～?「あなたは～することができますか。」と質問してみてください。お子さんにも質問してもらい、おうちのかたが答えるという練習もしてみてください。

❶ (1) canは「～することができる」、sing wellは「上手に歌う」です。

(2) can'tはcannotを短くした形で「～することができない」を表します。

❷ (1) ケンは I can skate.「わたしはスケートをすることができます。」と言っています。

(2) トムはI can ride a unicycle.「わたしは一輪車に乗ることができます。」と言っています。

(3) Can you play *shogi*?「あなたは将棋《しょうぎ》をすることができますか。」と聞かれたケビンはNo, I can't.「いいえ、できません。」と答えています。

❹ (1)「上手に料理することができる」はcanの後ろにcook wellをつづけます。

(2)「スキーを上手にすることができない」はcan'tの後ろにski wellをつづけます。

ぴったり3 確かめのテスト

Unit 4
She can sing well. ③

52ページ

合格 80 点

教科書 50～51ページ　答え 8ページ

1 音声の内容に合う絵を、下の㋐～㋒から選び、(　　)に記号を書きましょう。 トラック79

技能 1問5点(10点)

㋐　㋑　㋒

(1)(㋐)　(2)(㋑)

2 音声を聞いて、①に「何が」②に「できるか」「できないか」を、①は　　から選んで(　　)に記号を書き、②は「できる・できない」のどちらかに○を付けましょう。 トラック80

1問完答15点(45点)

(1)　(2)　(3)

Momoka　Mr. Smith　Keiko

(1)	(2)	(3)
①(イ)	①(ア)	①(ウ)
②(できる・できない)　※「できる」に○	②(できる・できない)　※「できない」に○	②(できる・できない)　※「できる」に○

①　ア　イ　ウ

ふりかえり ❷が分からないときは、48、50ページにもどって確認《かくにん》してみよう。

53ページ

3 日本文に合う英語の文になるように、　　の中から語を選び、をなぞりましょう。2回使う語もあります。文の最初は大文字で書きましょう。

1つ5点(25点)

(1) この人はトムです。

This is Tom.

(2) 彼は上手にテニスをすることができます。

He can play tennis well.

(3) 彼は速く泳ぐことができません。

He can't swim fast.

can　can't　this　she　he

4 絵の内容に合うように、女の人をしょうかいしましょう。　　の中から正しい語句を選び、　　に書き、文全体をなぞりましょう。文の最初は大文字で書きましょう。

思考・判断・表現 1問10点(20点)

(1) This is Ms. Green.

(2) She can sing well.

it is　he can sing
this is　she can sing

読まれる英語

1 (1)This is my friend. She can play soccer well.

(2)This is my friend. He can't play the drums well.

2 (1)男の子：This is Momoka. She can play volleyball well.

(2)女の子：This is Mr. Smith. He can't play ice hockey.

(3)男の子：This is Keiko. She can jump high.

おうちのかたへ

ここでは、This is ～.「この人は～です。」と人を紹介し、男性を紹介するときにはheを、女性を紹介するときにはsheを使うことを学びました。

heとshe、そしてcan「～できる」、can't「～できない」の聞き取りができているかを確認してあげてください。

1 **2** This is ～.は「この人は～です。」と、人をしょうかいする表現です。女の人をしょうかいするときはshe、男の人のときはheを使います。そして「できる」を表すcanと「できない」を表すcan'tを聞き分けられるようにしましょう。

1 (1) She can play soccer well.は「彼女《かのじょ》はサッカーを上手にすることができる」です。

(2) He can't play the drums well.は「彼《かれ》はドラムを上手に演奏《えんそう》することができない」です。

2 (1) モモカはバレーボールを上手にできるとしょうかいされています。

(2) スミス先生はアイスホッケーができないとしょうかいされています。

(3) ケイコは高くとび上がることができるとしょうかいされています。

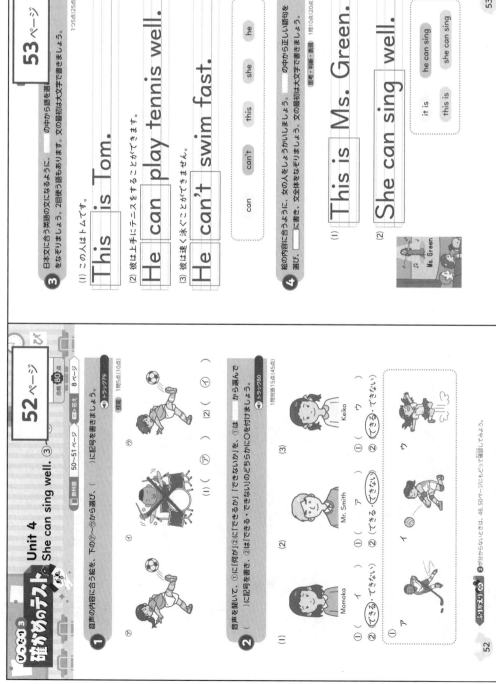

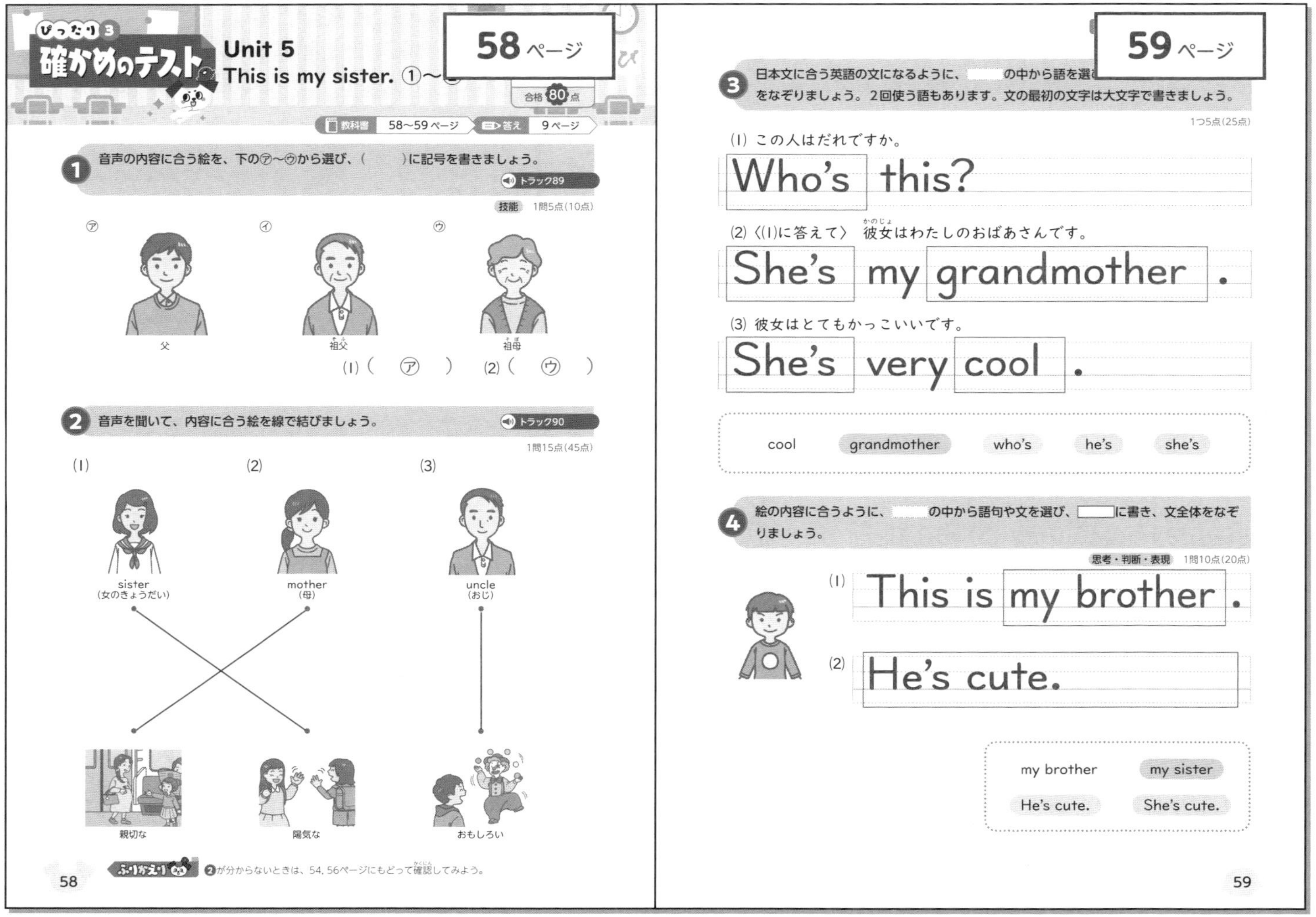
ぴったり3 確かめのテスト
Unit 5 This is my sister. ①～③
合格 80 点

58 ページ

教科書 58～59ページ　答え 9ページ

1 音声の内容に合う絵を、下の㋐～㋒から選び、(　　)に記号を書きましょう。　トラック89
技能　1問5点(10点)

㋐ 父　㋑ 祖父　㋒ 祖母

(1)(　㋐　)　(2)(　㋒　)

2 音声を聞いて、内容に合う絵を線で結びましょう。　トラック90
1問15点(45点)

(1) sister (女のきょうだい)　(2) mother (母)　(3) uncle (おじ)

親切な　陽気な　おもしろい

ふりかえり　2が分からないときは、54、56ページにもどって確認してみよう。

58

59 ページ

3 日本文に合う英語の文になるように、　　の中から語を選び、をなぞりましょう。2回使う語もあります。文の最初の文字は大文字で書きましょう。
1つ5点(25点)

(1) この人はだれですか。
Who's this?

(2) 〈(1)に答えて〉 彼女《かのじょ》はわたしのおばあさんです。
She's my grandmother.

(3) 彼女はとてもかっこいいです。
She's very cool.

cool　grandmother　who's　he's　she's

4 絵の内容に合うように、　　の中から語句や文を選び、□に書き、文全体をなぞりましょう。
思考・判断・表現　1問10点(20点)

(1) This is my brother.

(2) He's cute.

my brother　my sister　He's cute.　She's cute.

59

1 (1) This is my father.は「この人はわたしの父です。」という意味です。

(2) This is my grandmother.「この人はわたしの祖《そ》母《ぼ》です。」と言っています。

2 (1) sisterは「女のきょうだい(姉[妹])」、She's cheerful.は「彼女《かのじょ》は陽気です。」という意味です。Sheは女の人に使います。

(2) motherは「母」、kindは「親切な」という意味です。

(3) uncleは「おじ」、He's very funny.は「彼《かれ》はとてもおもしろいです。」という意味です。Heは男の人に使います。

3 (2)「祖母」はgrandmotherです。

(3)「かっこいい」はcoolです。

4 (1)「男のきょうだい(兄[弟])」はbrotherです。

読まれる英語

1 (1)男の子：This is my father.

(2)女の子：This is my grandmother.

2 (1)女の子：This is my sister.　She's cheerful.

(2)女の子：This is my mother.　She's very kind.

(3)女の子：This is my uncle.　He's very funny.

おうちのかたへ

ここでは、家族などの身近な人を紹介し、またその人たちの性格や特徴について述べる練習をしました。家族や身近な人たちの写真などを指して、お子さんにWho's this?「この人は誰ですか。」とたずねてみてください。そして「誰なのか」をたずねるときはwhoを用いることを確認してあげてください。

ぴったり3 確かめのテスト

Unit 5
This is my sister. ③〜⑦

64ページ

合格80点

教科書 60〜61ページ　答え 10ページ

1 音声の内容に合う絵を、下の㋐〜㋒から選び、(　　)に記号を書きましょう。　トラック101

技能　1問5点(10点)

(1) (㋑)　(2) (㋒)

2 音声を聞いて、①に「何が」②に「得意か」「得意でないか」を、①は　　から選んで(　　)に記号を書き、②は「得意・得意でない」のどちらかに○を付けましょう。　トラック102

1問完答15点(45点)

(1)	(2)	(3)
① (ア)	① (ウ)	① (イ)
② (得意(○)・得意でない)	② (得意(○)・得意でない)	② (得意・得意でない(○))

①

ふりかえり　②が分からないときは、60, 62ページにもどって確認してみよう。

65ページ

3 日本文に合う英語の文になるように、　　の中から語を選んでなぞりましょう。2回使う語もあります。文の最初の文字は大文字で書きましょう。

1つ5点(25点)

(1) あなたはスケートをすることが得意ですか。

Are you good at skating ?

(2) 〈(1)に答えて〉 いいえ、得意ではありません。

No , I'm not .

(3) ケンはサーフィンをすることが得意です。

Ken is good at surfing.

skating　not　at　well　yes　no

4 絵の内容に合うように、友だちの男の人をしょうかいしましょう。　　の中から文を選び、　　に書きましょう。

思考・判断・表現　1問10点(20点)

This is my friend.

(1) He's Tom.

(2) He's good at playing tennis.

He's Tom.　He's good at playing tennis.

She's Tom.　She's good at playing tennis.

読まれる英語

1 (1)男の子：Ken is good at dancing.

(2)女の子：Are you good at skiing, Tom?

トム：Yes, I am.

2 (1)スミス先生：Are you good at playing the recorder, Emma?

エマ：Yes, I am.

(2)女の子：This is Kevin.　He's good at swimming.

(3)スミス先生：Are you good at cooking, Yuki?

ユキ：No, I'm not.

おうちのかたへ

ここでは、得意なこと・不得意なことについてのやりとりについて学びました。Are you 〜?「あなたは〜ですか。」と聞かれたら、「はい、そうです。」のときはYes, I am.、「いいえ、ちがいます。」のときはNo, I'm not.と答えることを確認してあげてください。そして今回学んだやりとりを声に出して一緒に練習してみてください。

1 (1) Ken is good at dancing.は「ケンはおどることが得意《とくい》です。」という意味です。

(2) Are you good at skiing, Tom?「スキーをすることは得意ですか、トム。」と聞かれ、Yes, I am.「はい、得意です。」と答えています。

2 (1) Are you good at playing the recorder, Emma?「リコーダーをふくことは得意ですか、エマ。」と聞かれ、「はい、得意です。」と答えています。

(2) This is Kevin.「この人はケビンです。」としょうかいしてから、He's good at swimming.「彼《かれ》は泳ぐことが得意です。」と伝えています。He'sはHe isを短くした形です。

(3) cooking「料理すること」が得意か聞かれ、ユキはNo, I'm not.「いいえ、得意ではありません。」と答えています。

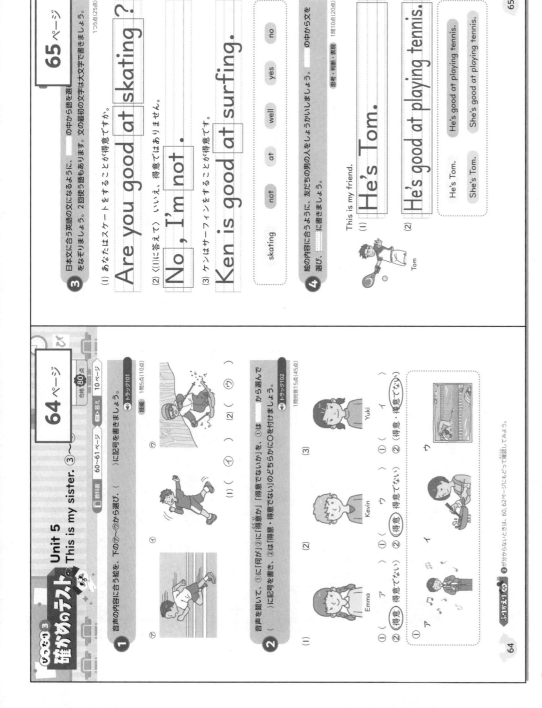

ぴったり3 確かめのテスト
Unit 6
I'd like pizza. ①～②

70ページ

合格80点
教科書 68～69ページ　答え 11ページ

1 音声の内容に合う絵を、下の㋐～㋒から選び、(　　)に記号を書きましょう。
トラック111
技能 1問5点(10点)

(1)(　㋒　)　(2)(　㋑　)

2 音声を聞いて、内容に合う絵を線で結びましょう。
トラック112
1問完答15点(45点)

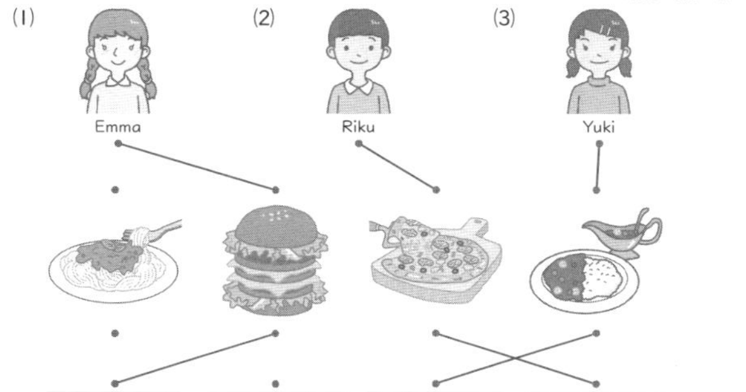

¥500　¥650　¥800　¥670

ふりかえり ❷が分からないときは、68ページにもどって確認してみよう。

71ページ

3 日本文に合う英語の文になるように、　　の中から語を選び、をなぞりましょう。2回使う語もあります。文の最初の文字は大文字で書きましょう。
1つ5点(25点)

(1) 何になさいますか。
What would you like ?

(2) わたしはプリンがほしいです。
I'd like pudding .

(3) それは400円です。
It's four hundred yen.

like　what　it's　it　pudding

4 絵の中の店員と客とのやりとりを完成させましょう。　　の中から文を選び、　　に書きましょう。
思考・判断・表現 1問10点(20点)

(1) What would you like?

(2) I'd like spaghetti.

How is it?　What would you like?
I'd like pizza.　I'd like spaghetti.

読まれる英語

1 (1)店員：What would you like?
女の子：I'd like steak and salad.
(2)男の子：How much is this lunch?
店員：It's seven hundred and eighty yen.

2 (1)店員：What would you like?
エマ：I'd like hamburger.　How much is it?
店員：It's five hundred yen.
(2)店員：What would you like?
リク：I'd like pizza.　How much is it?
店員：It's six hundred and seventy yen.
(3)店員：What would you like?
ユキ：I'd like curry and rice.　How much is it?
店員：It's eight hundred yen.

おうちのかたへ

ここでは、店で飲食物を注文したり、その金額を聞いたりするための表現を学びました。
店でのやりとりは日常生活において欠かせないものですので、ぜひお子さんと一緒に客の役、店員の役の両方を練習してみてください。

1 (1) 注文についてのやりとりで、店員のWhat would you like?「何になさいますか。」に、女の子はI'd like steak and salad.「ステーキとサラダをお願いしたいのですが。」と答えています。
(2) 金額《きんがく》についてのやりとりで、男の子のHow much is this lunch?「このランチはいくらですか。」に、店員がIt's seven hundred and eighty yen.「それは780円です。」と答えています。

2 店員とのやりとりから、それぞれの注文したいものとその金額を結びつけます。
(1) エマがほしいのはハンバーガーで、その金額は500円です。
(2) リクがほしいのはピザで、その金額は670円です。
(3) ユキがほしいのはカレーライスで、その金額は800円です。

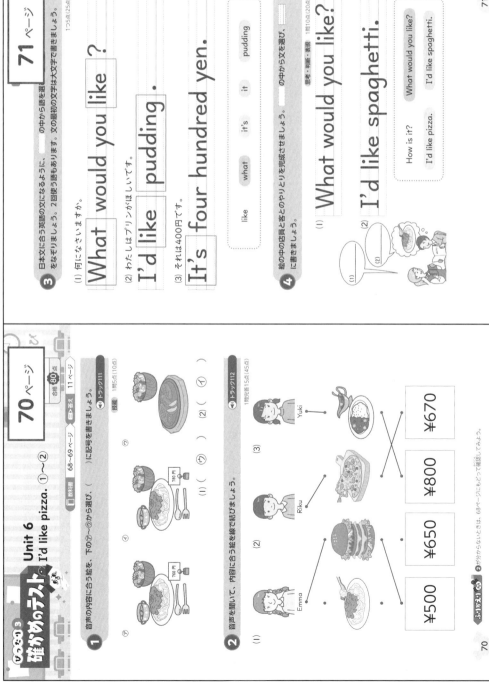

74ページ

ぴったり3 確かめのテスト
Unit 6
I'd like pizza. ③

合格80点

教科書 70～71ページ　答え 12ページ

❶ 音声の内容に合う絵を、下の㋐～㋒から選び、(　)に記号を書きましょう。　トラック119
技能 1問5点(10点)

㋐ ㋑ ㋒

(1)(㋒)　(2)(㋐)

❷ 音声を聞いて、内容に合う絵を線で結びましょう。　トラック120
1問15点(45点)

(1) (2) (3)

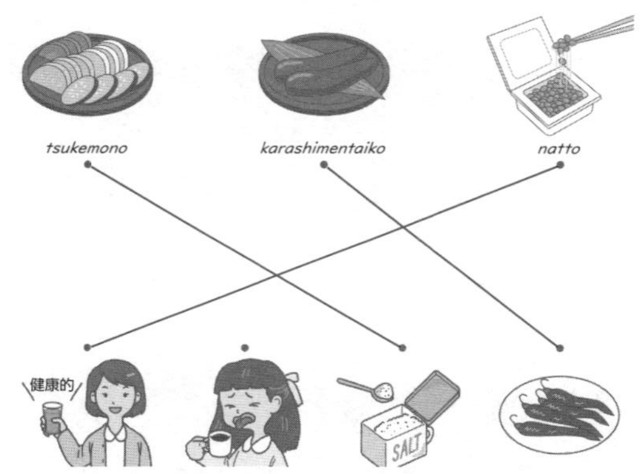

ふりかえり ❷が分からないときは、72ページにもどって確認《かくにん》してみよう。

74

75ページ

❸ 日本文に合う英語の文になるように、[　]の中から語を選び、[　]をなぞりましょう。文の最初の文字は大文字で書きましょう。
1つ5点(25点)

(1) これはみそです。
This is miso.

(2) それはあまくておいしいです。
It's sweet and delicious.

(3) わたしはそれが好きです。
I like it.

this　it　delicious　like　sweet

❹ 絵の内容に合うように、[　]の中から文を選び、[　]に書きましょう。
思考・判断・表現 1問10点(20点)

(1) This is umeboshi.

(2) It's sour.

This is *wagashi*.　It's sweet.
This is *umeboshi*.　It's sour.

この本の終わりにある「冬のチャレンジテスト」をやってみよう！

75

読まれる英語

❶ (1)This is *taiyaki*. It's sweet. I like it.
(2)This is coffee. It's bitter.

❷ (1)This is *tsukemono*. It's salty.
(2)This is *karashimentaiko*. It's hot.
(3)This is *natto*. It's healthy.

おうちのかたへ

ここでは、食べ物や飲み物を紹介し、その特徴を伝えることを学びました。日本の飲食物について外国人に伝える場合は、相手がその名前を初めて聞くと想定し、はっきりと発音するようにしましょう。お子さんの発音をチェックして、きちんと伝わっているかを伝えてあげてください。

❶ This is ～.「これは～です。」を使い、食べものや飲みものをしょうかいしています。それに続くIt's ～.「それは～です。」で、そのとくちょうを伝えています。
(1) *taiyaki*「たいやき」はsweet「あまい」と伝えています。
(2) coffee「コーヒー」はbitter「にがい」と伝えています。

❷ 日本の食べ物と、そのとくちょうを結びつけます。
(1) つけものはsalty「塩からい」と伝えています。
(2) 辛子明太子《からしめんたいこ》はhot「からい」と伝えています。
(3) 納豆《なっとう》はhealthy「体によい」と伝えています。

❸ (2)「あまくておいしい」はsweet and deliciousです。

❹ (2)「すっぱい」を表すsourのつづりに注意しましょう。

80ページ

ぴったり3 確かめのテスト

Unit 7
Where's the cat? ①～③

合格80点

教科書 80～83ページ　答え 13ページ

1 音声の内容に合う絵を、下の㋐～㋒から選び、（　）に記号を書きましょう。　トラック131

技能　1問5点(10点)

㋐ 
㋑ 

㋒ 

(1)（ ㋑ ）　(2)（ ㋒ ）

2 次の絵はあなたの部屋です。3つの音声を聞いて、質問に対する答えとして正しいものを　　から選び、　　に書き、文全体をなぞりましょう。　トラック132

1問15点(45点)

(1) It's on the bed .

(2) It's under the desk .

(3) It's in the bag .

in the bag　on the bed　under the desk

ふりかえり　2が分からないときは、76ページにもどって確認《かくにん》してみよう。

80

81ページ

3 日本文に合う英語の文になるように、　　の中から語を選び、　　をなぞりましょう。文の最初は大文字で書きましょう。

1つ5点(25点)

(1) そのケーキ屋さんはどこにありますか。

Where's the cake shop?

(2) 〈(1)に答えて〉それは消防署《しょうぼうしょ》の向かいにあります。

It's across from the fire station.

(3) その鳥は箱の中にいます。

The bird is in the box .

it's　box　where's　across　in

4 絵の内容に合うように、　　の中から語句を選び、　　に書き、文全体をなぞりましょう。

思考・判断・表現　1問10点(20点)

(1) The white cat is on the chair.

(2) My house is next to the hotel.

on the desk　on the chair　across from　next to

81

読まれる英語

1 (1) Where's the post office?

(2) 男の子：Where's my pen?

女の子：It's on the desk.

2 (1) Where's your cap?

It's on the bed.

(2) Where's your pen?

It's under the desk.

(3) Where's your book?

It's in the bag.

おうちのかたへ

ここでは、いろいろなものの位置や場所を伝えることを学びました。Where's ～?「～はどこにありますか。」とお子さんに質問してみてください。それに対し、It'sで始めて今回学んだon ～「～の上に」、under ～「～の下に」、by ～「～のそばに」、in ～「～の中に」などを正しく使ってものの位置や場所を答えることができているか、確認してみてください。

1 (1) Where's ～?で「～はどこにありますか。」という意味になります。Where'sはWhere isを短くした形です。post officeは「郵便局《ゆうびんきょく》」です。

(2) 男の子がWhere's my pen?と、自分のペンがどこにあるか聞いています。それに対して女の子はIt's on the desk.「それはつくえの上にあります。」と答えています。

2 Where's your ～?は「あなたの～はどこにありますか。」という質問です。それに対し、それぞれIt's ～.「それは～にあります。」と答えています。

(1) your cap「あなたのぼうし」のあるのはon the bed「ベッドの上に」です。

(2) your pen「あなたのペン」があるのはunder the desk「つくえの下に」です。

(3) your book「あなたの本」があるのはin the bag「かばんの中に」です。

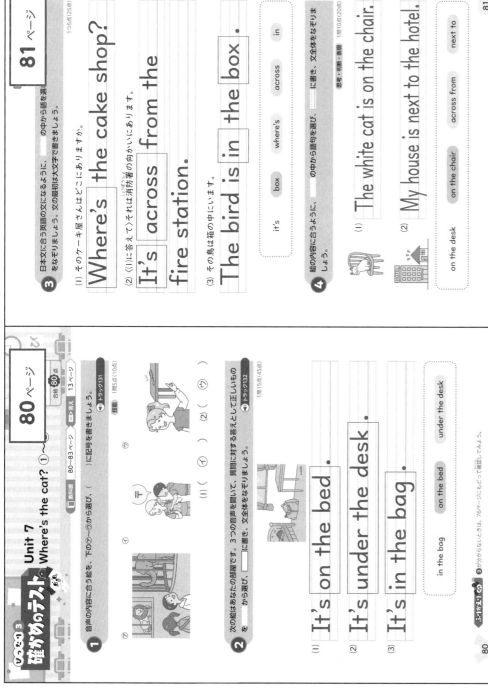

86ページ

ぴったり3 確かめのテスト

Unit 7
Where's the cat? ③〜

合格80点

教科書 84〜85ページ　答え 14ページ

1 音声の内容に合う絵を、下の㋐〜㋒から選び、（　　）に記号を書きましょう。　トラック143

技能　1問5点(10点)

㋐　㋑　㋒

(1)（ ㋑ ）　(2)（ ㋐ ）

2 女の子が道をたずねています。音声を聞いて正しいものを□から選び、□に書き、文全体をなぞりましょう。文の最初は大文字で書きましょう。　トラック144

1問15点(45点)

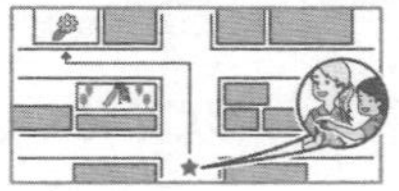

(1) Go straight .

(2) Turn left at the park.

(3) It's on your right .

turn left　go straight　on your right

86　ふりかえり　②が分からないときは、82, 84ページにもどって確認《かくにん》してみよう。

87ページ

3 日本文に合う英語の文になるように、□の中から語を選び、をなぞりましょう。文の最初は大文字で書きましょう。

1つ5点(25点)

(1) まっすぐに行ってください。

Go straight .

(2) 警察署《けいさつしょ》で左に曲がってください。

Turn left at the police station.

(3) それは右側にあります。

It's on your right .

left　right　straight　police　go

4 絵の中の男の子になったつもりで、女の人からの質問に答えましょう。答えは□の中から文を選び、□に書きましょう。

思考・判断・表現　1問10点(20点)

(1) Go straight.

(2) Turn right.

It's next to the bank.　Go straight.　Turn left.　Turn right.

87

読まれる英語

1 (1)Go straight.
(2)Turn right.

2 (1)女の子：Where's the flower shop?
男の子：Go straight. Turn left at the park. It's on your right.

おうちのかたへ

ここでは、建物や店の場所を伝えたり、道案内をするための表現を学んだりしました。next to 〜「〜のとなりに」、across from 〜「〜の向かいに」、between A and B「AとBの間に」などの表現に加え、on your right[left]「右側［左側］」を正しく使って場所を伝えられるように一緒に練習してみてください。また、go straight「まっすぐに行く」、turn right[left]も使い、家までの道案内ができるように、地図を書いてそれを指しながら伝える練習をするとよいと思います。

1 (1) Go straight.は「まっすぐに行ってください。」という道案内の表現です。
(2) Turn right.は「右に曲がってください。」という意味です。

2 女の子はWhere's the flower shop?「花屋さんはどこにありますか。」とたずねています。男の子はGo straight.「まっすぐに行ってください。」に続けてTurn left at the park.「公園で左に曲がってください。」、そして最後にIt's on your right.「それは(あなたの)右側にあります。」と答えています。道案内のいろいろな表現を、きちんと使えるようにしましょう。

3 (2) 「警察署《けいさつしょ》」はpolice stationです。stationのつく英語にはfire station「消防署《しょうぼうしょ》」、gas station「ガソリンスタンド」などがあります。これらも覚えておきましょう。

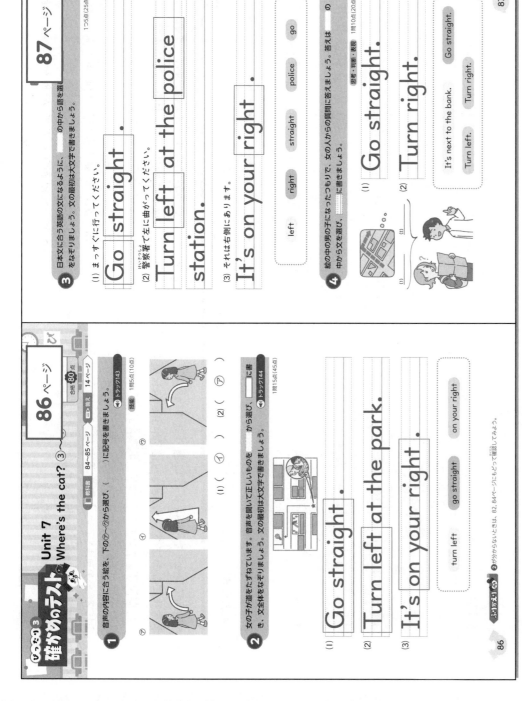

ぴったり3 確かめのテスト
Unit 8
Let's go to Singapore. ①～③

94ページ

合格80点

教科書 92～95ページ　答え 15ページ

1 音声の内容に合う絵を、下の㋐～㋒から選び、(　　)に記号を書きましょう。
トラック163
技能　1問5点(10点)

㋐　㋑　㋒

(1)(　㋒　)　(2)(　㋐　)

2 音声を聞いて、内容に合う絵を線で結びましょう。
トラック164
1問完答15点(45点)

(1)
(2)
(3)

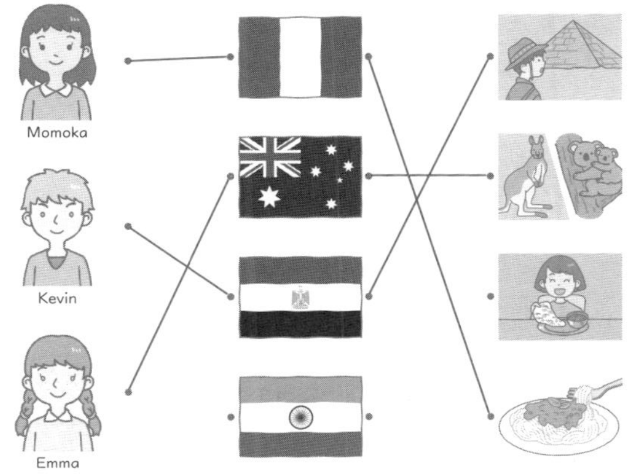

ふりかえり ❷が分からないときは、88, 90, 92ページにもどって確認《かくにん》してみよう。

95ページ

3 日本文に合う英語の文になるように、　　の中から語を選び、　　をなぞりましょう。2回使う語もあります。文の最初の文字は大文字で書きましょう。
1つ5点(25点)

(1) ニュージーランドに行きましょう。
Let's go to New Zealand.

(2) わたしたちはラグビーの試合を見ることができます。
We can watch rugby games.

(3) 〈(1)(2)に答えて〉ええ、そうしましょう。
Yes, let's.

can　yes　let's　we

4 絵の中の男の子になったつもりで、みんなに向かって言ってみましょう。　　の中から文を選び、　　に書きましょう。
思考・判断・表現　1問10点(20点)

(1) Let's go to Kenya.

(2) We can see elephants.

Let's go to China.　We can see pandas.
Let's go to Kenya.　We can see elephants.

この本の終わりにある「春のチャレンジテスト」をやってみよう！

この本の終わりにある「学力診断テスト」をやってみよう！

読まれる英語

1 (1)Let's go to India. We can eat curry.
(2)Let's go to Brazil. We can enjoy the Rio Carnival.

2 (1)モモカ：Let's go to Italy. We can eat spaghetti.
(2)モモカ：Where do you want to go, Kevin?
ケビン：I want to go to Egypt. We can see the pyramids.
(3)エマ：Let's go to Australia.
We can see koalas and kangaroos.
ケビン：Yes, let's.

おうちのかたへ

このUnitでは、自分の行ってみたい国、そこでできることを伝えたり、行きたい国に一緒に行こうと人を誘ったりする表現を学びました。そしてたくさんの国の名前も出てきました。〈Let's go to＋場所.〉「～に行きましょう。」に続けて、We can ～.「わたしたちは～ができます。」でそこでできることを話してもらい、それにYes, let's.「ええ、そうしましょう。」と答えてあげてください。

1 (1) India「インド」にさそい、can eat curry「カレーを食べられる」と言っています。
(2) Brazil「ブラジル」にさそい、can enjoy the Rio Carnival「リオのカーニバルを楽しめる」と言っています。

2 (1) モモカは「イタリアへ行きましょう。」、can eat spaghetti「スパゲッティを食べられる」と言っています。
(2) ケビンはWhere do you want to go?「あなたはどこへ行きたいですか。」と聞かれ、want to go to Egypt「エジプトに行きたい」、can see the pyramids「ピラミッドを見られる」と答えています。
(3) エマはAustralia「オーストラリア」にさそい、「コアラとカンガルーが見られる」と言うと、ケビンがそれに対してYes, let's.「ええ、そうしましょう。」と答えています。

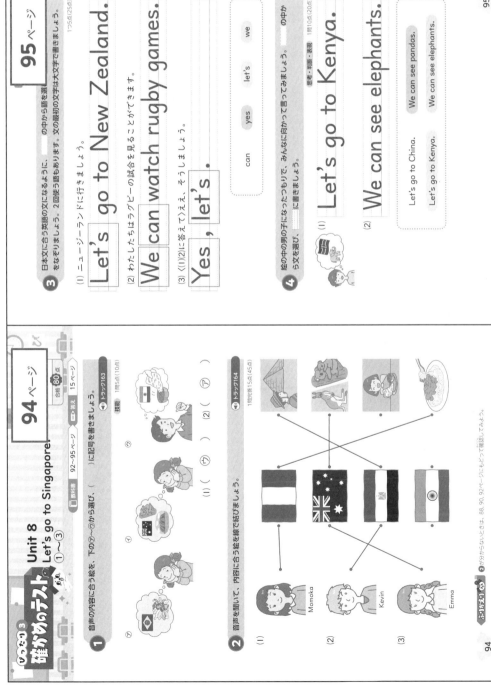

夏のチャレンジテスト

教科書 8～45ページ

名前	月	日

時間 40分

知識・技能	思考・判断・表現	合格80点
/50	/50	/100

答え16～17ページ

知識・技能

1 音声の内容に合う絵を下から選び、（　　）に記号を書きましょう。

トラック165　1問4点(8点)

(1)（ウ）　(2)（ア）

2 会話の内容に合う絵を下から選び、（　　）に記号を書きましょう。

トラック166　1問4点(12点)

(1) ア 6月17日　イ 7月17日　ウ 8月17日

(2)

(3)

(1)（イ）　(2)（ウ）　(3)（ア）

思考・判断・表現

3 音声を聞き、それぞれ家でどんな仕事をどれくらいしているかを線で結びましょう。

トラック167　1問完答で5点(15点)

4 品物を見ながら話しているJimmyとSakuraの会話を聞いて、質問に日本語で答えましょう。

トラック168　1問5点(10点)

ほしい人にさしあげます！
ご自由にお持ちください。

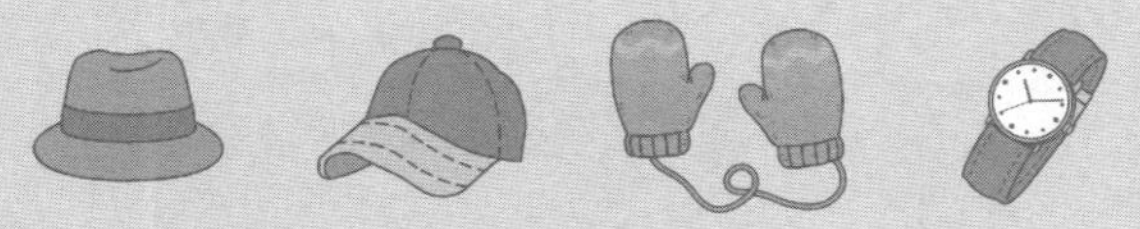

(1) Sakuraのほしい物は何ですか。　（緑色のうで時計）

(2) Jimmyの好きな色は何色ですか。　（青）

(切り取り線)

1 (1)(2)　好きな教科について話しています。(2)の「好きな教科は何ですか。」「私は音楽が好きです。」というやりとりを聞き取れましたか。

2 (1)　「あなたのたんじょう日はいつですか。」「わたしのたんじょう日は○月△日です。」というやりとりですね。「○月△日」は「月を表す語＋順番を表す語」でしたね。

(3)　女の子が男の子に「起きる」(get up)時間と「寝《ね》る」(go to bed)時間を聞かれています。時間を聞くときはwhat timeを使うのでしたね。「～時に」はat＋時こくで表すことを覚えていますか。

読まれる英語

1 (1)ケビン: Hi, I'm Kevin. I like math very much. It's interesting.

(2)スミス先生: Emma, what subject do you like?

エマ : I like music. It's fun.

2 (1)A: When's your birthday?

B: My birthday is July 17th.

(2)A: Do you have pets at home?

B: Yes. I have rabbits.

A: Oh, really? Do you feed them?

B: Yes. I always feed them.

(3)A: What time do you get up?

B: I usually get up at six forty-five.

A: What time do you go to bed?

B: I usually go to bed at nine thirty.

3 (1)カホ: I'm Kaho. I sometimes wash the dishes.

(2)ユキ: I'm Yuki. I always water the flowers.

(3)女の人: Riku, do you help at home?

リク : Yes. I usually get the newspaper.

女の人: That's good.

4 サクラ: I want a green watch.

ジミー: That's nice, Sakura. I want a baseball cap.

サクラ: What color do you like, Jimmy?

ジミー: I like blue.

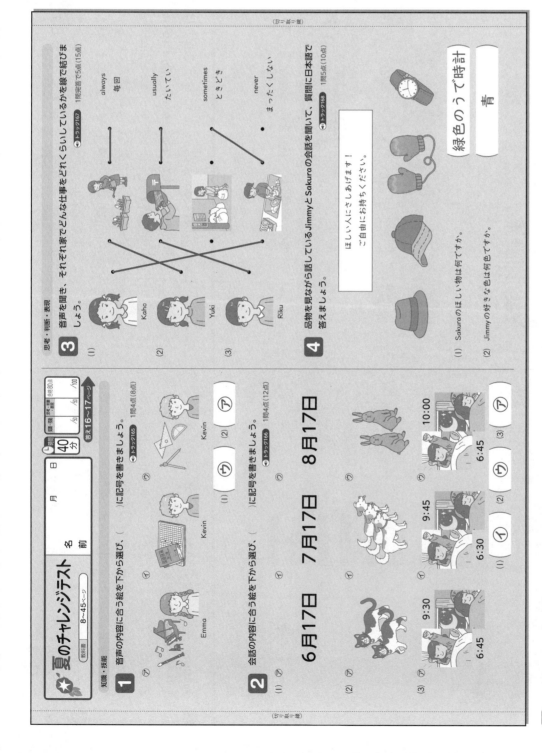

知識・技能

5 絵を見て、その内容を示す英語を、［　］の中から選んで［　］に書きましょう。 1問5点(15点)

(1)

star

(2)

Monday

(3)

lunch

［ lunch　Monday　star ］

6 日本文に合うように、グレーの部分はなぞり、［　］の中から英語を選び、［　］に書きましょう。 1問完答で5点(15点)

(1) わたしはネコが好きです。

I like cats.

(2) わたしは6時に宿題をします。

I do my homework at 6:00.

(3) 私は木曜日に算数を勉強します。

I study math on Thursday.

［ do　like　study　homework　Thursday ］

(切り取り線)

思考・判断・表現

7 絵の中の女の子になったつもりで質問に答えましょう。グレーの部分はなぞり、［　］の中から正しい英語を選んで［　］に書きましょう。 1問5点(15点)

(1) What time do you eat breakfast?

I eat breakfast at 7:00.

(2) What time do you go home?

I go home at 3:30.

(3) What do you help at home?

I take out the garbage.

［ at 7:00　take out the garbage
at 3:30　get the newspaper ］

8 日本文に合うように、グレーの部分はなぞり、［　］に英語を入れましょう。 1問5点(10点)

(1) わたしはいつも自分の部屋をそうじします。

I always clean my room.

(2) わたしのたんじょう日は5月3日です。

My birthday is May 3rd.

(切り取り線)

5 (2) 曜日を表す言葉は大文字で書き始めることに注意しましょう。

6 (1) 「～が好き」は、like ～で表しましょう。

(2) 「宿題をする」は、do my homeworkで表しましょう。

(3) 「～を勉強する」は、study ～で表しましょう。

7 (3) 「木曜日に」はon Thursdayですね。Thursdayは発音とつづりの両方に注意が必要です。

8 (1) 「自分の部屋をそうじする」は、clean my roomで表しましょう。

(2) たんじょう日は、My birthday is ～.で表しましょう。

間違えた言葉を書きましょう

冬のチャレンジテスト

教科書 46〜77ページ

名前　　月　　日

時間 40分　知識・技能 /50　思考・判断・表現 /50　合格80点 /100

答え18〜19ページ

知識・技能

1 音声の内容に合う絵を下から選び、（　　）に記号を書きましょう。 トラック169 1問4点(8点)

(1)（ ㋒ ）(2)（ ㋐ ）

2 会話の内容に合う絵を下から選び、（　　）に記号を書きましょう。 トラック170 1問4点(12点)

(1)（ ㋒ ）(2)（ ㋑ ）(3)（ ㋑ ）

思考・判断・表現

3 音声を聞き、それぞれのできることとできないことを線で結びましょう。 トラック171 1問完答で5点(15点)

4 国旗のポスターを見ながら話しているJimmyとSakuraの会話を聞いて、質問に日本語で答えましょう。 トラック172 1問5点(10点)

国旗のイラスト

(1) Jimmyの行きたい国はどこですか。（ アメリカ ）

(2) Sakuraが行きたい国でしたいことは何ですか。
（ パンダを見ること ）

1 (1) Let's go to ～. は「～へ行きましょう」と人をさそう表現《ひょうげん》ですね。「～」には行きたい場所が入ります。ここではJapan「日本」と言っていますね。We can ～. は「わたしたちは～することができます。」という意味ですね。

(2) This is＋人. は「この人は～です。」と、人をしょうかいする表現ですね。ここでしょうかいされているのは男の子なので、続く文では「彼《かれ》は～です。」He is ～. と、he を使うことに注意しましょう。
女の子なら「彼女《かのじょ》は」で、she になりますね。

2 (2) Are you good at ～ing? は、何かが得意《とくい》かどうかを聞くときに使う表現です。答えるときはYes, I am. またはNo, I'm not. で表します。ここでは「ギターをひくことが得意か」を聞かれ、男の子は「はい。」と答えています。

(3) want to ～ は「～したい」の意味で、want to go は「行きたい」を表します。

読まれる英語

1 (1) Let's go to Japan. We can eat sushi.

(2) This is my friend. He's Ken. He's strong.

2 (1)A: Who's this?
B: She's my grandmother.

(2)A: Are you good at playing the guitar?
B: Yes, I am.

(3)A: Where do you want to go?
B: I want to go to Egypt.

3 (1)ハナ：I'm Hana. I can play the recorder well. But I can't play the piano.

(2)ケビン：I'm Kevin. I can play the piano. But I can't swim well.

(3)男の人：Yuki, can you play the guitar?
ユキ：Yes, I can.
男の人：Can you play tennis?
ユキ：No, I can't.

4 ジミー：I want to go to the USA.
サクラ：Why?
ジミー：I want to watch baseball games. Where do you want to go, Sakura?
サクラ：I want to go to China.
ジミー：Why?
サクラ：I want to see pandas.

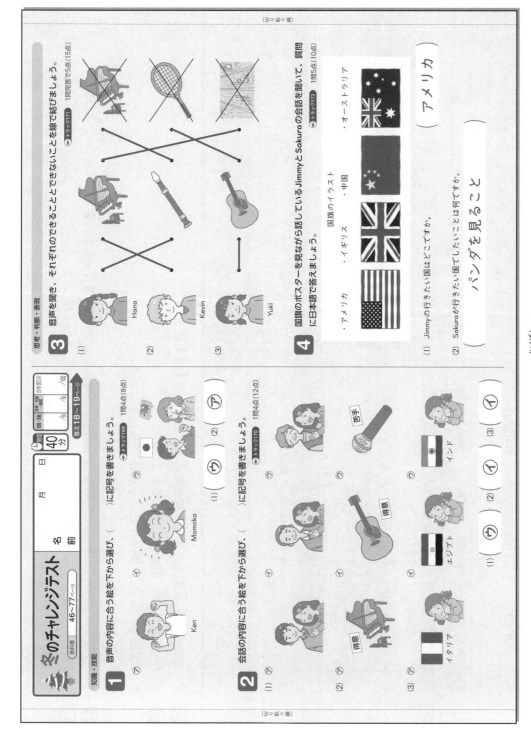

知識・技能

5 絵を見て、その内容を示す英語を、□の中から選んで□に書きましょう。

1問5点(15点)

(1) インド

India

(2)

cook

(3)

parents

cook　India　parents

6 日本文に合うように、グレーの部分はなぞり、□の中から英語を選び、□に書きましょう。

1問完答で5点(15点)

(1) この人はわたしの友だちです。

This is my friend .

(2) わたしはスペインに行きたいです。

I want to go to Spain .

(3) わたしたちはピザを食べることができます。

We can eat pizza.

can　go　eat　friend　Spain

思考・判断・表現

7 絵の中の女の子になったつもりで、自分のきょうだいをしょうかいしましょう。グレーの部分はなぞり、□の中から正しい英語を選んで□に書きましょう。(2)と、(3)の最初の□には同じものが入ります。文の最初の文字は大文字で書きましょう。

1問完答で5点(15点)

(1) This is my sister .

(2) She's Yumi.

(3) She's good at skating .

he's　my brother　skating　she's　my sister

8 日本文に合うように、グレーの部分はなぞり、□に英語を入れましょう。文の最初の文字は大文字で書きましょう。

1問5点(10点)

(1) エマはじょうずに泳ぐことができます。

Emma can swim well .

(2) イタリアに行きましょう。

Let's go to Italy .

(切り取り線)

5 (1) 国名を表す言葉は大文字で書き始めることに注意しましょう。

6 (1) 「この人は～です。」は、This is ～.で表しましょう。

(2) 「行きたい」は、want to goで表しましょう。

(3) 「わたしたちは～できます。」は、We can ～.で表しましょう。

7 (1) 妹を紹介しているので、my sisterを使います。my brotherは「わたしの兄[弟]」を表します。

(2) 「彼女は」は、She'sで表しましょう。「彼は」は、He'sで表します。

間違えた言葉を書きましょう

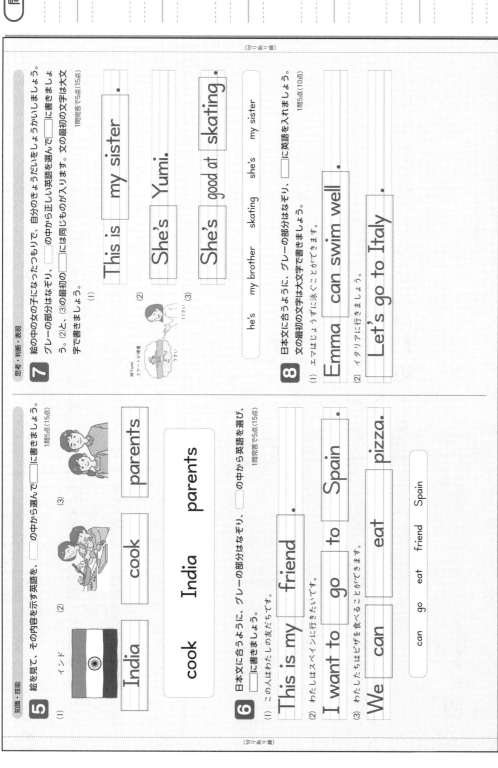

春のチャレンジテスト

教科書 78〜103ページ

名前　　月　　日

時間 40分　知識・技能 /50　思考・判断・表現 /50　合格80点 /100

答え20〜21ページ

知識・技能

1 音声の内容に合う絵を下から選び、(　　)に記号を書きましょう。　トラック173　1問4点(8点)

㋐　㋑　㋒

(1)(㋒)　(2)(㋐)

2 会話の内容に合う絵を下から選び、(　　)に記号を書きましょう。　トラック174　1問4点(12点)

(1)(㋐)　(2)(㋒)　(3)(㋑)

思考・判断・表現

3 次の絵はあなたの部屋です。次の質問を聞き、正しい英文を［　］から選んで(1)〜(3)に記号で書きましょう。　トラック175　1問5点(15点)

㋐ It's on the chair.
㋑ It's under the desk.
㋒ It's in the bag.

(1)(㋑)　(2)(㋐)　(3)(㋒)

4 地図を見て、道をたずねた女の人とそれに答える男の子の会話を聞き、下の質問に日本語で答えましょう。　トラック176　1問完答で5点(10点)

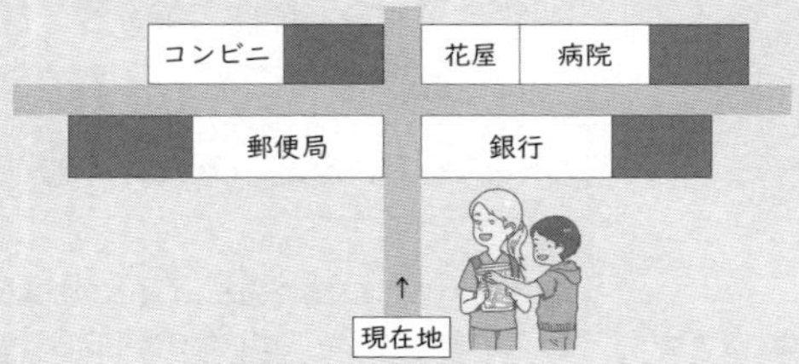

(1) 女の人は何がほしくてどこへ行きたいのですか。

(今日の新聞)がほしくて(コンビニ)へ行きたい。

(2) それは何のとなりだと男の子は答えましたか。

(本屋[書店])

(切り取り線)

3 (1) 「あなたのボールはどこにありますか。」なので、答えは「それは机の下にあります。」It's under the desk. となります。

(2) 「あなたのTシャツはどこにありますか。」なので、答えは「それはいすの上にあります。」It's on the chair. となります。

(3) 「あなたのバットはどこにありますか。」なので、答えは「それはかばんの中にあります。」It's in the bag. となります。

4 女の人は今日の新聞がほしくて、コンビニの場所をたずねています。男の子は「まっすぐ行って、大きな郵便局を左に曲がってください。あなたの右にあります。それは本屋のとなりです。」と説明しています。

読まれる英語

1 (1) My pen is in the box.

(2) My bag is under the desk.

2 (1)A: What do you want for lunch?

B: I want pizza and soda.

(2)A: How much is this Girls' Lunch?

B: It's five hundred and ninety yen.

(3)A: Where's your cat?

B: It's by the desk.

3 (1) Where's your ball?

(2) Where's your T-shirt?

(3) Where's your bat?

4 A: Can you help me? Where's the convenience store? I want today's newspaper.

B: Let's see. Go straight and turn left at the big post office. It's on your right. It's next to the bookstore.

A: Thank you.

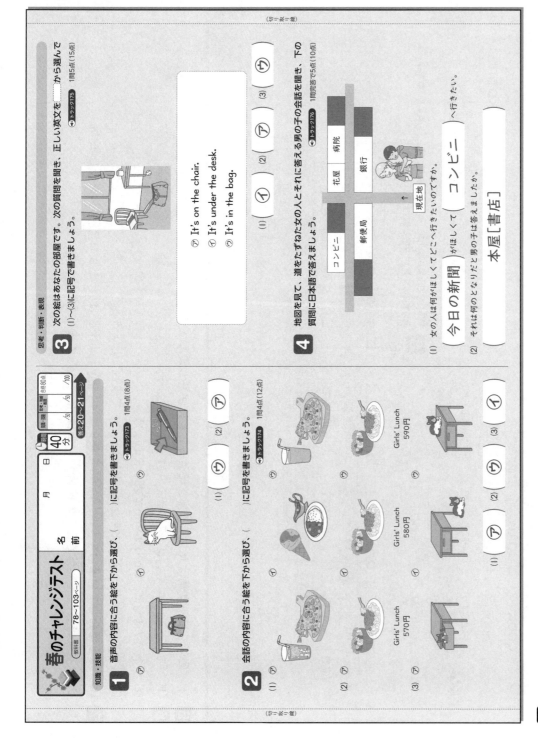

知識・技能

5 絵を見て、その内容を示す英語を、[　]の中から選んで[　]に書きましょう。 1問5点(15点)

(1)

chair

(2)

healthy

(3)

student

healthy　chair　student

6 日本文に合うように、グレーの部分はなぞり、[　]の中から英語を選び、[　]に書きましょう。文の最初の文字は大文字で書きましょう。 1問完答で5点(15点)

(1) わたしの赤いぼうしはどこですか。

Where's my red cap?

(2) 【料理の注文で】何になさいますか。

What would you like ?

(3) まっすぐに行ってください。

Go straight .

like　straight　what　where's　go

(切り取り線)

思考・判断・表現

7 絵の中の女の子になったつもりで、彼女のオリジナルランチのしょうかいをしましょう。グレーの部分はなぞり、[　]の中から正しい英語を選んで[　]に書きましょう。 1問5点(15点)

ハッピーランチ
600円

(1) This is Happy Lunch .

(2) It's six hundred yen.

(3) It's delicious .

five hundred　six hundred
delicious　Happy Lunch
she's　my sister

8 日本文に合うように、グレーの部分はなぞり、[　]に英語を入れましょう。文の最初の文字は大文字で書きましょう。 1問5点(10点)

(1) それはいくらですか。

How much is it?

(2) 銀行で左に曲がってください。

Turn left at the bank.

(切り取り線)

間違えた言葉を書きましょう

6 (1) 「どこですか(＝どこにありますか)。」はWhere's 〜? で表します。 Where's はWhere is を短くした形です。

(3) 道案内に使われる「まっすぐに行ってください。」という表現《ひょうげん》は、Go straight. です。 straightの発音とつづりに注意しましょう。

7 (2) 600はsix hundredで表します。five hundredは500です。

(3) 「おいしい」は、deliciousで表します。

8 (2) 「左に曲がる」は、turn leftで表します。

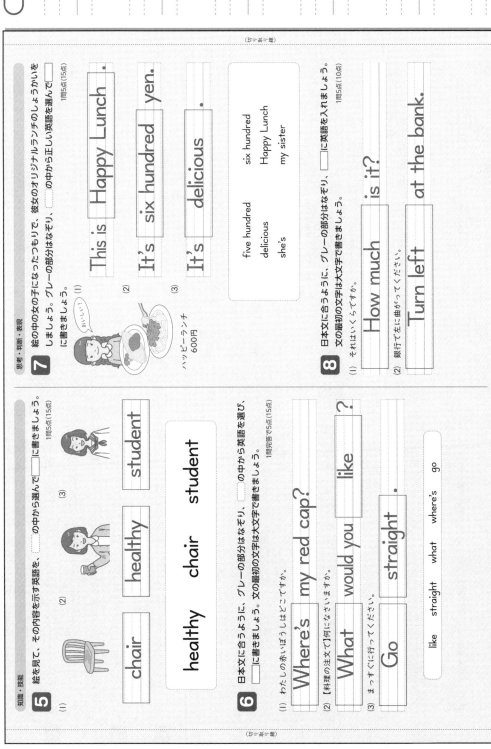

5年 英語のまとめ **学力診《しん》断《だん》テスト** 名前　　月　　日

時間 40分　知識・技能 /50　思考・判断・表現 /50　合格80点 /100

答え22〜23ページ

知識・技能

1 音声の内容に合う絵を下から選び、(　　)に記号を書きましょう。　トラック177　1問4点(8点)

(1)(㋒)　(2)(㋑)

2 会話の内容に合う絵を下から選び、(　　)に記号を書きましょう。　トラック178　1問4点(12点)

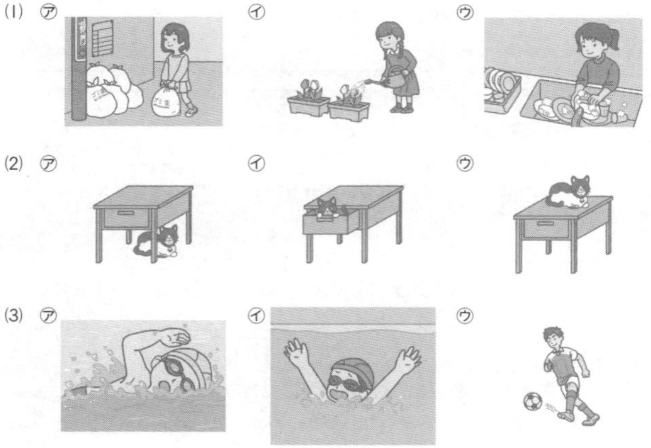

(1)(㋒)　(2)(㋐)　(3)(㋑)

思考・判断・表現

3 音声を聞き、それぞれの好きな教科と得意なことを線で結びましょう。　トラック179　1問完答で5点(15点)

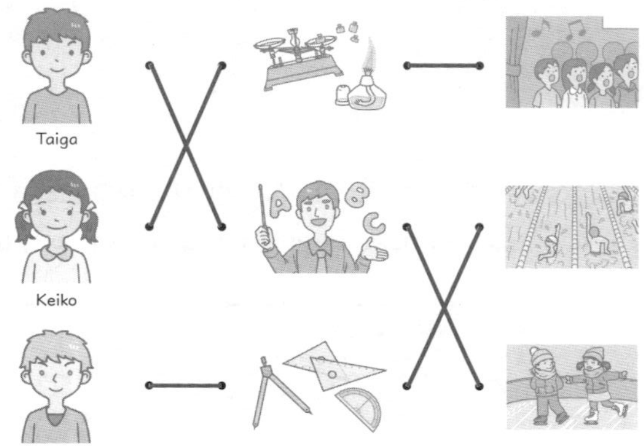

4 ポスターを見ながら案内を聞き、下の質問に日本語で答えましょう。　トラック180　1問5点(10点)

School Camp
September 15-17
arts and crafts
calligraphy
cooking
sports & dancing
speaking English

(1) 何のスポーツが楽しめますか。3つ答えましょう。

(ドッジボール、バスケットボール、一輪車)

(2) 昼食には何を作りますか。

(カレーライス)

1 (1) When's ～? は「いつですか。」の意味で、When is を短くした形です。「クリスマス」はDecember「12月」にありますね。

2 (1) Do you help at home? は、「家で手伝いをしますか。」という意味です。答えの文のalwaysは「いつも」、wash the dishes は「食器を洗《あら》う」という意味です。

(3) I'm not good at swimming. は「わたしは泳ぐことが得意《とくい》ではありません。」という意味です。

4 案内では女の人が、「わたしたちの学校でキャンプをします。9月15日から9月17日までです。わたしたちはドッジボール、バスケットボール、一輪車乗りというスポーツを楽しむことができます。昼ご飯にはカレーライスを作りましょう。参加してください！」と言っています。

読まれる英語

1 (1)A: When's Christmas?
B: It's in December.
(2) This is my sister. She can play the piano.

2 (1)A: Do you help at home?
B: Yes, always. I always wash the dishes.
(2)女の子: Where's your cat, Kevin?
ケビン: It's under the desk.
(3)A: Are you good at swimming?
B: No, I'm not. I'm not good at swimming.

3 (1)タイガ : I'm Taiga. I like English.
I'm good at skating.
(2)男の人: What subject do you like, Keiko?
ケイコ : I like science.
男の人: Are you good at singing?
ケイコ : Yes, I am. I'm good at singing.
(3)ケビン: My name is Kevin. I like math.
I'm good at swimming.

4 We have a camp at our school. It's from September 15th to September 17th. We can enjoy sports; dodgeball, basketball and riding a unicycle. Let's cook curry and rice for lunch. Please join us!

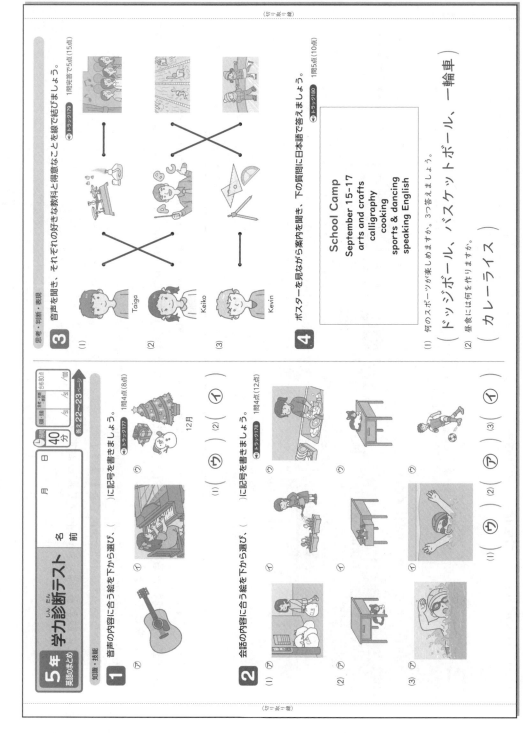

知識・技能

5 絵を見て、その内容を示す英語を、□の中から選んで□に書きましょう。

1問5点（15点）

(1)

guitar

(2)

Tuesday

(3)

Wednesday

Wednesday　guitar　Tuesday

6 日本文に合うように、グレーの部分はなぞり、□の中から英語を選び、□に書きましょう。文の最初の文字は大文字で書きましょう。

1問完答で5点（15点）

(1) わたしはたいてい食卓《しょくたく》の用意をします。

I usually set the table.

(2) わたしはピザを食べたいです。

I want to eat pizza.

(3) カナダに行きましょう。

Let's go to Canada.

go　eat　let's　usually　want

思考・判断・表現

7 絵の中の男の子になったつもりで自己しょうかいをしましょう。グレーの部分はなぞり、□の中から正しい英語を選んで□に書きましょう。

1問5点（15点）

(1) Hi, I'm Riku .

(2) I can run fast .

(3) I'm good at playing tennis .

I'm good at playing tennis　I'm Riku
can swim　can run fast

8 日本文に合うように、グレーの部分はなぞり、□に英語を入れましょう。文の最初の文字は大文字で書きましょう。

1問5点（10点）

(1) わたしはじょうずにおどることができません。

I can't dance well.

(2) あなたはどこへ行きたいですか。

Where do you want to go?

5 (2)(3) 曜日を表す言葉は大文字で書き始めることに注意しましょう。

6 (1) 「たいてい」は、usuallyで表します。

(2) 「ピザを食べたい」は、want to eat pizzaで表します。

7 (1) I'm～.は、「わたしは～です。」という意味です。

(2) canは「～できます。」と伝えるときに使います。絵では速く走っているので、can run fastを選びます。

8 (1) 「～できません」は、can't ～で表します。

間違えた言葉を書きましょう

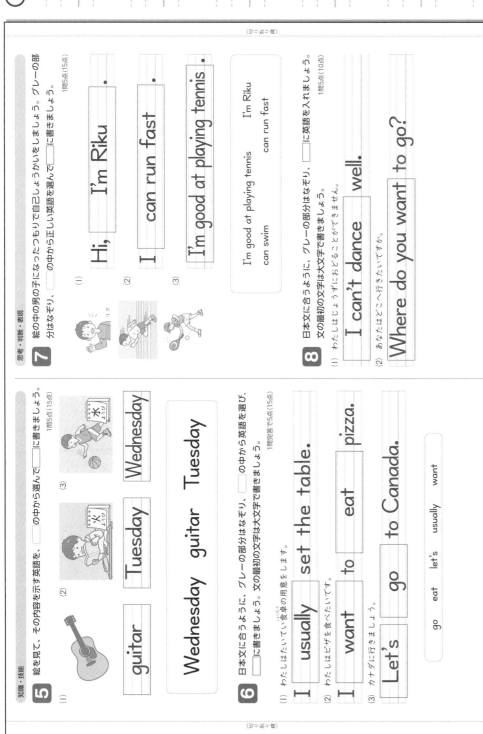

付録　とりはずしてお使いください。

英語
おさらいドリル
5年

こちらから
単語や文章の音声を
聞くことができます。

年　　組

アルファベット

アルファベットの大文字をなぞりましょう。また、くり返し書いてみましょう。

A B C D E F

G H I J K L

M N O P Q R

S T U V W X

Y Z

アルファベットの小文字をなぞりましょう。また、くり返し書いてみましょう。

a b c d e f

g h i j k l

m n o p q r

s t u v w x

y z

気分を表す言葉

気分を表す言葉をなぞりましょう。また、くり返し書いてみましょう。

□わくわくした

excited

□うれしい

happy

□悲しい

sad

□眠い

sleepy

□心配な

nervous

□悪い

bad

聞かれたことについて、自分ならどう答えるか書いてみましょう。
空らんのことばを埋めて、文をなぞりましょう。

1 自分の気分を伝えるとき

I'm ______________ .

（私は〇〇です。）

2 相手の気分をたずねるとき、答えるとき

Are you ______________ ?

（あなたは〇〇ですか。）

Yes, I am.

（はい、そうです。）

No, I'm not.

（いいえ、そうではありません。）

色を表す言葉

色を表す言葉をなぞりましょう。また、くり返し書いてみましょう。

□グレー

gray

□金

gold

□ライトブルー

light blue

□むらさき

purple

□銀

silver

□黄緑

yellow green

聞かれたことについて、自分ならどう答えるか書いてみましょう。
空らんのことばを埋めて、文をなぞりましょう。

1 相手に好きな色をたずねるとき、答えるとき

What color do you like?

（あなたは何色が好きですか。）

I like ＿＿＿＿＿＿＿＿ .

（私は○○が好きです。）

2 相手に「～色は好きですか。」と具体的にたずねるとき、答えるとき

Do you like ＿＿＿＿＿＿＿＿ ?

（あなたは○○が好きですか。）

Yes, I do.

（はい、そうです。）

No, I don't.

（いいえ、そうではありません。）

スポーツを表す言葉

スポーツを表す言葉をなぞりましょう。また、くり返し書いてみましょう。

□クリケット

cricket

□フェンシング

fencing

□フィギュアスケート

figure skating

□ラグビー

rugby

□スノーボード

snowboarding

□車いすテニス

wheelchair tennis

聞かれたことについて、自分ならどう答えるか書いてみましょう。
空らんのことばを埋めて、文をなぞりましょう。

1 相手に好きなスポーツをたずねるとき、答えるとき

What sport do you like?

（あなたは何のスポーツが好きですか。）

I like ＿＿＿＿＿＿＿＿ .

（私は○○が好きです。）

2 自分の得意なスポーツを伝えるとき

I'm good at ＿＿＿＿＿＿＿＿ .

（私は○○が得意です。）

3 自分ができるスポーツを答えるとき

I can ＿＿＿＿＿＿＿＿ .

（私は○○をすることができます。）

おもに球を使うスポーツは、play ＋スポーツの言葉
剣道や柔道などは、do ＋スポーツの言葉　となるよ。
フィギュアスケート、またはスノーボードができる
というときは　I can figure skate.　というよ。
I can snowboard.

食べ物（料理・デザート）を表す言葉

食べ物を表す言葉をなぞりましょう。また、くり返し書いてみましょう。

□アップルパイ

apple pie

□チーズケーキ

cheese cake

□焼き飯

fried rice

□フィッシュアンドチップス

fish and chips

□ポークステーキ

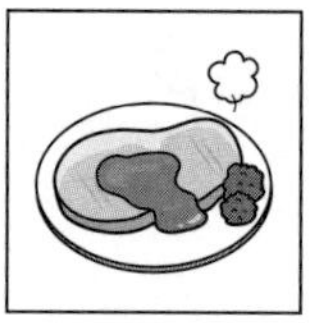

pork steak

□ローストビーフ

roast beef

聞かれたことについて、自分ならどう答えるか書いてみましょう。
空らんのことばを埋めて、文をなぞりましょう。

1 朝ごはんに食べるものを伝えるとき

I have ＿＿＿＿＿＿＿＿

for breakfast.

（私は朝食に○○を食べます。）

2 注文をするとき

I'd like ＿＿＿＿＿＿＿＿.

（○○をお願いします。）

＿＿＿＿＿＿＿＿, please.

（○○をお願いします。）

3 食べたいものを伝えるとき

I want to eat ＿＿＿＿＿＿＿＿.

（私は○○を食べたいです。）

飲み物を表す言葉

飲み物を表す言葉をなぞりましょう。また、くり返し書いてみましょう。

□コーヒー

coffee

□ミネラルウォーター

mineral water

□りんごジュース

apple juice

□オレンジジュース

orange juice

□緑茶

green tea

□ホットチョコレート

hot chocolate

聞かれたことについて、自分ならどう答えるか書いてみましょう。
空らんのことばを埋めて、文をなぞりましょう。

① 昼食に食べるものや飲むものを伝えるとき

I have ＿＿＿＿＿＿＿＿

for lunch.

（私は昼食に○○を食べます。）

② 注文をするとき

What would you like?

（何にいたしますか。）

I'd like ＿＿＿＿＿＿＿＿ .

（○○をお願いします。）

＿＿＿＿＿＿＿＿ , please.

（○○をお願いします。）

果物・野菜・食材を表す言葉

果物・野菜・食材を表す言葉をなぞりましょう。また、くり返し書いてみましょう。

□アスパラガス

asparagus

□カボチャ

pumpkin

□セロリ

celery

□ブルーベリー

blueberry

□マンゴー

mango

□海そう

seaweed

聞かれたことについて、自分ならどう答えるか書いてみましょう。
空らんのことばを埋めて、文をなぞりましょう。

1 ものの数をたずねるとき

How many ________?

（○○はいくつですか。）

2 好きなものをたずねるとき、答えるとき

What vegetable do you like?

（何の野菜が好きですか。）

What fruit do you like?

（何の果物が好きですか。）

I like ________.

（○○が好きです。）

動物・海の生き物を表す言葉

動物・海の生き物を表す言葉をなぞりましょう。また、くり返し書いてみましょう。

□カピバラ

capybara

□タヌキ

raccoon dog

□ワシ

eagle

□フラミンゴ

flamingo

□カメ

turtle

□イカ

squid

聞かれたことについて、自分ならどう答えるか書いてみましょう。
空らんのことばを埋めて、文をなぞりましょう。

1 動物がどこにいるかをたずねるとき、答えるとき

Where is ＿＿＿＿＿＿＿＿＿＿ ?

（○○はどこにいますか。）

It's on the chair.

（いすの上にいます。）

2 好きな動物をたずねるとき、答えるとき

What animal do you like?

（何の動物が好きですか。）

I like ＿＿＿＿＿＿＿＿＿＿ .

（○○が好きです。）

好きな動物を答えるときは、その動物は s をつけて複数形で表すよ。
（例）dog → dogs

虫・昆虫を表す言葉

虫・昆虫を表す言葉をなぞりましょう。また、くり返し書いてみましょう。

□アリ

ant

□甲虫

beetle

□イモ虫

caterpillar

□トンボ

dragonfly

□キリギリス・バッタ

grasshopper

□クモ

spider

聞かれたことについて、自分ならどう答えるか書いてみましょう。
空らんのことばを埋めて、文をなぞりましょう。

1 動物や虫がどこに生息しているかをたずねるとき、答えるとき

Where do ＿＿＿＿＿＿＿＿ live?

（○○はどこに生息していますか。）

生息している動物や虫などは集団なので、複数形で表すよ。
（例）beetle → beetles

They live in forests.

（それらは森林に生息しています。）

2 見えている動物や虫などについて伝えるとき

I see ＿＿＿＿＿＿＿＿.

（わたしには○○が見えます。）

性格を表す言葉

性格を表す言葉をなぞりましょう。また、くり返し書いてみましょう。

□はずかしがりの

shy

□創造力がある

creative

□友好的な

friendly

□利口な

smart

□活動的な

active

□やさしい

gentle

聞かれたことについて、自分ならどう答えるか書いてみましょう。
空らんのことばを埋めて、文をなぞりましょう。

1 自分のまわりの人を紹介するとき

This is my friend, Yuka.

（こちらは私の友達のユカです。）

She's ____________________.

（彼女は○○です。）

2 自分のヒーローについて伝えるとき

My hero is my father.

（私のヒーローは私の父です。）

He's ____________________.

（彼は○○です。）

家族・人を表す言葉

家族・人を表す言葉をなぞりましょう。また、くり返し書いてみましょう。

□祖父、祖母

grandparent

□親

parent

□おば

aunt

□おじ

uncle

□いとこ

cousin

□近所の人

neighbor

聞かれたことについて、自分ならどう答えるか書いてみましょう。
空らんのことばを埋めて、文をなぞりましょう。

1 自分のまわりの人について紹介するとき

Who is this?

（［写真などを見ながら］こちらはどなたですか。）

She’s my ________ .

（彼女は私の〇〇です。）

2 自分のまわりの人がどんな人か伝えるとき

My ________ is kind.

（私の〇〇は親切です。）

動作を表す言葉

動作を表す言葉をなぞりましょう。また、くり返し書いてみましょう。

□髪をとく

comb my hair

□ゴミを出す

take out the garbage

□昆虫をとる

catch insects

□指を鳴らす

snap my fingers

□立ち上がる

stand up

□すわる

sit down

聞かれたことについて、自分ならどう答えるか書いてみましょう。
空らんのことばを埋めて、文をなぞりましょう。

1 自分の日課について伝えるとき

I ＿＿＿＿＿＿＿＿

every morning.

（私は毎朝〇〇します。）

I sometimes ＿＿＿＿＿＿＿＿ .

（私はときどき〇〇します。）

2 できることをたずねるとき、答えるとき

Can he ＿＿＿＿＿＿＿＿ ?

（彼は〇〇できますか。）

Yes, he can.

（はい、できます。）

No, he can't.

（いいえ、できません。）

楽器を表す言葉

楽器を表す言葉をなぞりましょう。また、くり返し書いてみましょう。

□アコーディオン

accordion

□ハーモニカ

harmonica

□キーボード

keyboard

□ピアニカ・メロディカ

melodica

□タンバリン

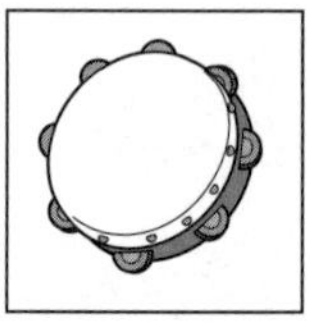

tambourine

□トランペット

trumpet

聞かれたことについて、自分ならどう答えるか書いてみましょう。
空らんのことばを埋めて、文をなぞりましょう。

1 自分が演奏できる楽器について伝えるとき

I can play the ______ .

（私は○○を演奏することができます。）

2 彼 / 彼女が楽器を演奏できるかたずねるとき、答えるとき

Can she play
the ______ ?

（彼女は○○を演奏することができますか。）

Yes, she can.

（はい、できます。）

No, she can't.

（いいえ、できません。）

町にあるものを表す言葉

町にあるものを表す言葉をなぞりましょう。また、くり返し書いてみましょう。

□動物病院

animal hospital

□銀行

bank

□市役所

city hall

□映画館

movie theater

□ショッピングモール

shopping mall

□文ぼう具店

stationery store

聞かれたことについて、自分ならどう答えるか書いてみましょう。
空らんのことばを埋めて、文をなぞりましょう。

1 町にある建物などが、どこにあるかたずねるとき、伝えるとき

Where is ______________ ?

（○○はどこにありますか。）

Go straight.

（まっすぐ進んでください。）

Turn left.

（左に曲がってください。）

You can see it on your right.

（右に見えます。）

学校にまつわるものを表す言葉

学校にまつわるものを表す言葉をなぞりましょう。また、くり返し書いてみましょう。

□通学かばん

school bag

□制服

school uniform

□黒板

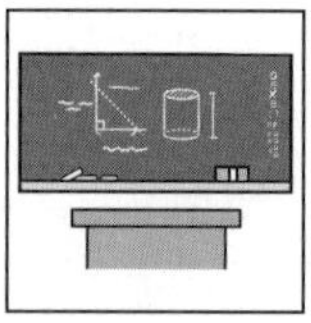

blackboard

□調理室

cooking room

□理科室

science room

□コンピューター室

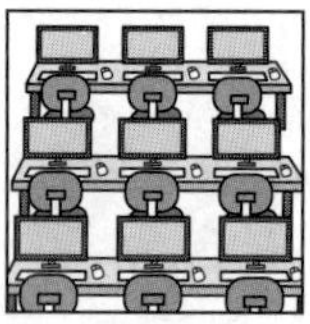

computer room